鲍林传

朱万江◎著

时代文艺出版社

图书在版编目（CIP）数据

鲍林传 / 朱万江著. —长春：时代文艺出版社，2016.4（2021.5重印）

ISBN 978-7-5387-5128-4

Ⅰ.①鲍… Ⅱ.①朱… Ⅲ.①鲍林，L.C.（1901～1994）—传记 Ⅳ.①K837.126.13

中国版本图书馆CIP数据核字（2016）第001747号

出 品 人　陈　琛
责任编辑　孟宇婷
装帧设计　孙　利
排版制作　隋淑凤

本书著作权、版式和装帧设计受国际版权公约和中华人民共和国著作权法保护
本书所有文字、图片和示意图等专有使用权为时代文艺出版社所有
未事先获得时代文艺出版社许可
本书的任何部分不得以图表、电子、影印、缩拍、录音和其他任何手段
进行复制和转载，违者必究

鲍林传

朱万江 著

出版发行 / 时代文艺出版社
地址 / 长春市福祉大路5788号　龙腾国际大厦A座15层　邮编 / 130118
总编办 / 0431-81629751　发行部 / 0431-81629755
官方微博 / weibo.com / tlapress　天猫旗舰店 / sdwycbsgf.tmall.com
印刷 / 保定市铭泰达印刷有限公司
开本 / 710mm×1000mm　1 / 16　字数 / 151千字　印张 / 12
版次 / 2016年4月第1版　印次 / 2021年5月第2次印刷　定价 / 39.80元

图书如有印装错误　请寄回印厂调换

授奖辞
Award-winning Remarks

因阐明了化学键的本质和分子结构的基本原理获诺贝尔化学奖；因发起成立了"原子科学家紧急委员会"，反对核试验，反对战争，为促进世界和平做出了贡献，而获得了诺贝尔和平奖。

——诺贝尔奖委员会

目录 Contents

序言　科学怪人的传奇人生 / 001

第一章　不愉快的童年
　1. 青年才俊 / 002
　2. 最美好的回忆 / 004
　3. 父亲的最后时光 / 006

第二章　贫瘠土地上的奇葩
　1. 还要坚强地活下去 / 010
　2. 一个人的世界 / 013
　3. 初到大学 / 015
　4. 捉襟见肘的生活 / 018
　5. 与爱情相遇 / 020

第三章　被化学填满的生活
　1. 加州理工学院 / 024
　2. 成功的第一步 / 026
　3. 不同一般的学生 / 029
　4. 寻找新起点 / 033
　5. 初生牛犊 / 035
　6. 美国神童 / 038

7. 备受打击 / 040

第四章　让山巅更高些
1. 新的启程 / 044
2. 有些飘飘然 / 046
3. 双喜临门 / 049
4. 密立根 / 051
5. 洛克菲勒基金 / 053
6. 生命的秘密 / 056

第五章　名利和地位
1. 利欲熏心 / 060
2. 科学怪杰 / 063
3. 就是恶霸 / 065

第六章　有序的世界
1. 意外生病 / 070
2. 战争里的科学 / 072
3. 多方面发展 / 074
4. 科学英雄 / 077
5. 严厉抨击 / 079

第七章　压力下的艰难岁月
1. 英国之行 / 084
2. 正义的较量 / 087
3. 特殊手段 / 089
4. 努力背后 / 091

第八章　用科学改变世界
1. 坚持自我 / 096
2. 再访英国 / 098
3. 惨遭失败 / 100

第九章　突如其来的奖项

1. 选择沉默 / 104
2. 屡次遭拒 / 107
3. 预言成真 / 109
4. 终生难忘 / 111

第十章　科学家的改变

1. 人生转折点 / 116
2. 先天性缺陷 / 118
3. 为和平请愿 / 121

第十一章　人生分岔口

1. 公开论战 / 126
2. 无奈辞职 / 128
3. 最大争议 / 129

第十二章　为了和平而战

1. 对现实有些失望 / 134
2. 意外失踪 / 136
3. 发起反击 / 138
4. 呼吁和平 / 141
5. 肯尼迪 / 142
6. 默然离开 / 145

第十三章　散去的阴霾

1. 双料得主 / 148
2. 差强人意 / 150
3. 结束漂泊 / 152

第十四章　有生之年

1. 身价百倍 / 156
2. 私人研究所 / 158

3．爱娃患病／161
4．师徒决裂／163
5．爱娃去世／165
6．执着的代价／168
7．科学怪人去世／170

附　录

鲍林生平／174
获奖辞／176
获奖时代背景／177
鲍林年表／179
获奖当年世界大事记／180

序言

科学怪人的传奇人生

莱纳斯·卡尔·鲍林不仅是20世纪美国著名的科学家,更是十分罕见的诺贝尔奖双料得主。

在家人和曾经的朋友眼里,也许鲍林太过于冷漠甚至狂妄,在科学上的努力和付出让他成为不折不扣的科学怪人。他从来不在乎别人的指责和质疑,只要是他认定的事,就一定会证明给所有人看,在他的人生里根本没有"不可能"这个词。

当量子物理学作为一个新的学科进入科学界时,鲍林对化学键和共振提出的新的理论,将美国科学带入了一个新纪元,并让他获得了人生中的第一个诺贝尔奖。虽然经过了一个很漫长的阶段,但鲍林依旧成为20世纪量子化学和结构生物学的最有争议和代表性的先驱者。

当科学家为了战争而研究新的发明时,鲍林开始走上了政治道路,他没有被重重困难折服,而是让世上看到了一个拥有坚忍毅力的科学巨人。当他用其后半生精力让全世界接受维生素C的预防作用时，他的一生也走到了尽头。

一个从小就对化学产生浓厚兴趣却有着不幸的童年的人，是怎样一步一步艰难成长为最伟大并拥有多重身份的科学家？又是怎样在长期的质疑和压迫下，成为史上唯一一个拥有双料诺贝尔奖的获得者？他的一生拥有不为人知的传奇色彩，让我们跟随他的成长揭开其神秘的面纱

第一章　不愉快的童年

> 把每一天都当作是最后一天来活，把每天早晨醒来当作一次重生。
>
> ——鲍林

1. 青年才俊

　　1899年的一个夏日，高大帅气的赫尔曼·亨利·威廉·鲍林受波特兰市几位投资人的邀请，来到康敦准备开个药店。大家都说康敦是个很繁华的商业区，可当到了目的地时，他失望了。

　　康敦本来只有几个简单的小药店，卖的药都没有质量保证，偶尔来这儿兜售所谓灵丹妙药的江湖郎中，只想着把钱装到自己的钱包里，其他的根本不重要。

　　正因为没有正规的行业监督体系，才会常常发生吃药死人却没人负责的事件。为了能给公民一个更好的保证，俄勒冈州正式成立了药业公司。这给了那些利欲熏心的投资者赚钱的大好机会，但想要让公司飞黄腾达，就需要有个精通制药的人来管理，而赫尔曼就是他们最好的人选。

　　赫尔曼的父母是德国移民，在密苏里州生下了他，他十几岁的时候就拜了奥斯维加镇的一个药剂师为师，学习合成药物的技术，没过多久在当地开始小有名气。

　　在那个年代，制药已经算是科学，但是并没有精准的器具。赫尔曼很好学，也很刻苦，师傅告诉他制药关系到人的生命，不能大意，师傅的每句话他都认真地记在心里。

赫尔曼的药店在康敦开业之后，他的工作态度和商业头脑不仅得到了当地报社的肯定，赢得了康敦人的青睐，还让一群未婚的单身女性大力追捧，这些追捧者中包括一个忧郁的漂亮姑娘——贝莉。

赫尔曼的出色表现，让他几乎每天晚上都会受邀参加各种各样的晚会，大家心里都清楚那些商贾之所以这么做，只是想要把自己的女儿嫁给这个年轻有为的男人，可是在赫尔曼的眼里只有贝莉一个人，或者说他们彼此的眼中只剩下了对方，他们恋爱了。

那年的5月，他们终于结婚了。可他们婚后没有几个星期，波特兰市投资者因其他原因决定出售药店，为了生存夫妻俩只能回到波特兰市。赫尔曼开始在一家药品供应公司做小职员，但无论职位或收入，都不能与以前的工作相比，这突如其来的一切让他难以接受。

在1901年的2月28日，他们的儿子莱纳斯·卡尔·鲍林出生了，赫尔曼很高兴，他觉得这是老天送给他最好的礼物。莱纳斯3岁时，先后又有两个妹妹出生了。

贝莉非常疼爱自己的丈夫，也正是因为对丈夫的这份爱，她慢慢对孩子们开始冷淡。赫尔曼只能拼命挣钱，而她自己逐渐变成了一个爱发牢骚，有时甚至是感情冷漠的母亲。

贝莉不是一个好母亲，大部分原因是她有个不幸的童年。在母亲死后，她患了阵发性的抑郁症，向来与父亲很不亲近。结婚以后，她就很少与父亲见面。莱纳斯·卡尔·鲍林9岁时，他的外祖父去世了。

不愉快的童年让贝莉没办法好好对待自己的孩子。贝莉虽然生了三个子女，但依然还很年轻，她不知道应该怎么做好一个母亲，她把全部的爱都给了自己的丈夫。她常常写信给丈夫，抱怨生活的种种，而赫尔曼知道只有自己努力工作，才能让妻子和孩子们的生活有所改善。

虽然赫尔曼总是不停地到处奔波，但贝莉还是经常给外出推销的丈夫写信，诉说自己的感情。1905年，赫尔曼独自一人来到康敦寻求开药店的机会。在得到当地富商的金钱和物质支持后，他写信给贝莉，催促她回到老家来享福。

2. 最美好的回忆

鲍林童年最美好的回忆都留在了康敦。他第一次回到康敦的时候虽然只有四岁，但却无可救药地爱上了这个地方。

这个镇上最初只有几百人，镇外的旷野里经常会出现比人还多的野兽，所以每一年，那些常年深居老林的土著人都会来镇上生活一段时间，那段时间是鲍林最开心的时候，他喜欢和他们打交道，喜欢苏格兰牧羊人的性情和生活态度，更羡慕土著人的家庭生活方式。

鲍林长大一些之后，经常和印第安人的孩子们一起玩耍，他们教会了他很多最原始的生活技能，后来因为公众集会大力宣传开拓者的奋斗精神，并且颁布了相关的奖励政策，几乎每周都有外地人迁移到这里，没过几年牛仔和印第安土著就消失了。

在鲍林一家搬回康敦没多久，康敦与北太平洋铁道之间修了一条干线，这消息宣布后，康敦的居民在几年时间内大幅度增长，不仅间接地促进了该地建筑业的发展，而且为镇上的人们新建了很多生活娱乐场所。尽管康敦的各方面都在逐步发展，但鲍林的父母依然很厌恶这里。

鲍林有一个表哥墨文·斯蒂文森，小的时候他们常常在一起玩，几乎什么危险他们就去做什么。可鲍林还看到了很多美好的事情，不仅有大自然中很多奇妙的现象，也体会到了农民的辛苦，那些景象在他幼小的心灵上留下了深深的印记。

15岁的鲍林性格虽然有些孤僻，但又是个聪明好动且大胆的男孩，他有着异于常人的好奇心，虽然常常受到母亲的苛责，偶尔吓得两个妹妹惊声尖叫，自己也是小伤不断，但这没有让他有一丝改变，他最不喜欢别人对他说不行。

鲍林后来住在东波特兰市，每个周末，他都会坐车去几英里外的祖父母家，他的祖父母很疼爱这个几代单传的孙子，尤其是在赫尔曼去世之后，他们对他的爱越加明显。鲍林的爷爷是冶炼厂的巡夜，每次工作的时候都会把孙子带在身边，困了就让他睡在门房的草席上。

冶炼厂虽然荒废了，但很多设备都还留在原处，鲍林每次去过都不会空手而归，而那里的瓶瓶罐罐和化学用品，让年幼的他产生了浓厚的兴趣。

在他发现了冶炼厂里的秘密之后，他便打起了那些设备的主意，每次把那个大箱子装满之后，他的心都会有些慌，但是他又会不停地安慰自己，这根本就算不上偷，而且这里的东西早就破旧，除了自己没有人再会要这样的东西。

在将设备运走的那些日子里，鲍林把一些自己认为没什么大用处的设备换成了钱，而他做得最了不起的事应该是将一只小型的电熔炉运回了家。

等鲍林把冶炼厂里能拉回来的东西都拉进母亲用来经营的地下室后，他才惊奇地发现自己已经有了一个设备相当先进的实验室，从此，这里便成了除祖父母家外，他唯一可以避开令他生厌的母亲和两个妹妹的地方，也成了他梦想开始的地方。

自从父亲去世之后，这里成了他唯一能够感受到家的地方。但康敦有他抹不去的童年记忆，那里被他称作是自己的精神故乡。

3. 父亲的最后时光

无论康敦怎么建设，赫尔曼夫妇始终不喜欢这里，他们每年暑假都要把孩子们送到外公家去避暑。而贝莉的唠叨也让赫尔曼开始逐渐崩溃。

作为一个慈爱的父亲，总是想让孩子们没压力地长大，来自工作和家庭的双重压力却让赫尔曼的身体有了异样。回到康敦没多久，他开始常常到深夜才能睡着，病魔折磨着他年轻的身体。但是无论死亡有多么可怕，贝莉和他之间那种深深的爱会将这一切全部抹去，他把每一天都当作是最后一天来活，把每天早晨醒来都当作是一次重生。

赫尔曼的付出终于有了回报，鲍林药店用"药品无效，全额退款"的原则赢得了居民的信赖，药店的生意慢慢地走上正轨。

1870年赫尔曼与一个青年珠宝商合作在全镇最繁华的地方开了一个综合商厦。这个商厦成了全镇最豪华的商厦，他们觉得什么赚钱就卖什么。

赫尔曼的商业头脑让他的生意节节高升，但是他还是将出售药品放在首位，在一段时间里"虚假广告"带来了效益，店里每天都被购药者堵得水泄不通。短短的时间里，他们夫妻得到了镇上人的尊重和敬仰。

就在赫尔曼受命组织了康墩镇7月4日的国庆庆典之后，他更加努力地工作，他想要给自己的孩子留下正面形象，尤其是在鲍林面前。他经常带鲍林去药店的实验室看他配药，这让鲍林很小就对化学产生了兴趣。

在鲍林的眼里父亲很爱他，7岁时，挨了别人的打，赫尔曼还去帮儿子报仇，后来因为人身侵犯罪而被抓了起来。

可事实根本不是他想的那样，当时父亲确实被逮捕过并受到审判，但是不是因为打人这件事，而是由于被指控违反当地政府禁令在药店非法销售威士忌，但赫尔曼很快就被无罪释放了。

鲍林是个名副其实的书迷，尤其是对文字读物。因为赫尔曼中途退学，他很希望自己的儿子长大后能够成为有出息的人。他曾经写信给一家报社求助，希望有更多的读物来满足鲍林的需求。

康敦是一个条件艰苦偏僻闭塞的小镇，在这里说些夸大的话是会误事的。赫尔曼因为被人污蔑，和那个人在报纸上进行了持续三个多星期的公开论战。

赫尔曼的名声遭到抨击，因此很多居民对他产生了质疑，没过多久，他又因在药店中非法出售酒类而被逮捕。而后的一场大火烧毁了医药公司的大部分商品，这对他来说是致命的打击，鲍林至今还记得父亲失落地坐在门口的样子。

赫尔曼决定回到波特兰，而他手中的股票和现金足够让他在那里东山再起。这一次他吸取了在康敦的教训，药店只出售规定范围内的药品，不过他还是引进了最先进的苏打水发生器。

  他又像以前一样，夜以继日地埋在新的业务中，使药店尽快走上正轨。赫尔曼在写给贝莉的信中说道，一定要让她和孩子们过上幸福的生活，要挣足够的钱让他们充分地享受生活的乐趣，而且他也确确实实地履行了他的诺言。

  然而噩耗就在这时悄悄地降临了，在1910年6月的一天，33岁的赫尔曼去世了。这一消息太突然了，虽然医院给出的死亡原因是胃炎，但鲍林很肯定父亲是因为过度的劳累才失去了生命。

第二章 贫瘠土地上的奇葩

> 我们现在能活下来就是一个奇迹。
>
> ——鲍林

1. 还要坚强地活下去

这一年鲍林只有9岁,当姑姑告诉他父亲去世的消息时,他却异常冷静。他觉得这也许就是命运吧,即使再怎么不愿意接受,都已经成为不争的事实。

而事实上父亲去世这件事对鲍林的打击还是很大的,无论他怎么出色,都只是一个9岁的孩子,面对死亡怎么能保持理性,更何况现在离他而去的正是他敬爱的父亲。但他想成为父亲那样的男子汉,就必须要先学会坚强。

在父亲的葬礼上鲍林看到母亲撕心裂肺般的哭泣,他在心中暗暗发誓,他要像父亲一样,好好将家里的一切维持下去。赫尔曼的离开,让贝莉失去了活着的动力,孤儿寡母的局面让她近乎崩溃,从那以后她就有点儿神经错乱。

赫尔曼的去世对本来就不太牢固的家庭更是重创,一家人搬回波特兰后,鲍林和两个妹妹都不太适应这里的环境,甚至有些讨厌这里的天气,他怀念在康敦的一切,这里的所有都无法和康敦相比。

而贝莉受的打击是双重的,因为在赫尔曼死去的三个月前,她的父亲也永远地离开了她,接连失去两个亲人对她的打击是前所未有的,在没有精神寄托和经济来源的情况下,独自抚养三个孩子是多么困难的一件事。在赫尔曼死后不久,她就患上了严重的忧郁症和慢性病,从此再也没有恢复健康。

贝莉很想将药店继续下去，但是很快发现这是件很难的事，无奈之下她只能将药店兑出换了一笔钱。为了能维持生计，贝莉买了一幢大房子，不仅解决了住房问题，还利用空出的房间办起了寄宿房生意。

对于鲍林一家来说，这是走向痛苦的开始。在父亲去世之后，贝莉因为不善于经营，不仅使自己背上了债务，而且让生活更加困难。

经营寄宿房这件事彻底将贝莉打垮了，她没有了精神支柱，更不知道要怎么经营，精神和身体上的双重打击让贝莉患上了恶性贫血症，医生嘱咐她要多休息。为了促进红细胞的生长，她不得不多吃牛羊肉，在三个孩子的印象里，母亲经常用牛肉做三明治，面包上沾满鲜血。

辞退佣人之后，她开始让孩子们帮助做家务，后来不得不让孩子们外出打工挣钱，鲍林在13岁的时候就在贝莉的坚持下去打工，他打过很多工，可他最喜欢的是放映工作，后来频繁换工作成了他的一种乐趣。

鲍林的妹妹波琳曾为了打工停学一年，但是她挣的钱必须交给贝莉，因此她和母亲的关系越来越紧张，后来因为母亲逼她和大自己二十几岁的男人结婚而写信报警，贝莉费了很多口舌才在警察找上门的时候解释清楚。

露西尔是三个孩子中最孝顺也是最温和的一个，在其他孩子都离开家的时候，只有她一直照顾母亲直到去世，但是她也深深感受到了母亲带给自己的压力。

波琳看问题总是很直观，在失去父亲，母亲将生活弄得一团糟的时候，她说："我们现在能活下来就是一个奇迹，我们的童年非常不幸。"

艰难的生活迫使他们开始自己照顾自己，两个妹妹的感情一直都很好，总是一起去面对一些事，等两个人都大了一些之后，波琳开始发展自己的交际圈，而露西尔却一心一意学习音乐同时照顾母亲。

鲍林开始变得寡言少语，他与妹妹和母亲的距离越来越远，贝莉只想让三个孩子放弃学业去赚钱，而鲍林想要坚持自己的梦想。当鲍林长大后就开始对母亲公然漠视，母亲让他做的事情他从来没有完成过，他完全活在另外一个世界里。

和冰冷没有温暖的寄宿房相比，鲍林更喜欢自己的世界，鲍林喜欢读书，只有多读书才能从老师那儿得到家人给不了的温情和尊重，后来读书就成了他一个新的嗜好。那段时间所阅读的书，在他以后的生活中起到了很大的作用。

小学毕业后，鲍林经过了一段时间的强化训练之后，直接从小学升到了高中，成了一名新生。那个时候的鲍林已经是个能理智发展自己兴趣的大男孩，不仅聪明而且富有活力和激情。

他不喜欢宗教，因为觉得很多信念都是不正确的。在确定了自己的哲学观点之后，他开始在父亲生前好友的帮助下，收集大量的昆虫标本。虽然父亲那个朋友多半是来家里向母亲求爱的，但家里人都很喜欢他，而鲍林经常从他那儿得到化学药品，用来捕杀昆虫。

鲍林在进了波特兰的学校之后第一次学到了真正的自然学科"自然地理概论"。课程是由一位很会教学的老师来教授。他的兴趣开始从昆虫转向岩石，虽然当时他所在的地区岩石很少，但也是一个很好的开始。

鲍林的功课一直都很好，数学和自然科学都是他最喜欢的课程。鲍林喜欢数学就是因为他可以让自己做得很完美，可是对于语言来说，他就做得没那么完美了。

2. 一个人的世界

上了高中，鲍林和家人的隔阂开始慢慢显露出来，在母亲寄宿房的那个简陋实验室里，他有了自己的小天地。

鲍林也不是没有朋友的，很偶然的机会他遇到了大自己一岁的男孩杰夫列斯，他和鲍林一样聪明内向，但是对自然科学却很热爱。他是鲍林在父亲去世之后第一个谈得来的朋友，杰夫列斯还不停地给鲍林做自己发明的实验，这让他很震惊。

就在看到杰夫列斯的实验之后，鲍林的心中也燃起了火焰。虽然在实验中总是会打碎或者弄破一些器具，但是鲍林从来也没有气馁过。

在地下实验室那些早先陈列的标本已经被化学药品所替代，这里经常会散发出难闻的味道，而能进到这里的人，除了鲍林就只有几个兴趣相投的朋友而已。

鲍林很穷，买不起好的化学用品和器皿，只能到处去搜罗别人不要的东西，有时候贝莉的那个已婚男友也会送自己店里的东西给他。后来他遇到了一个管理牙科学院的仓库管理员，鲍林不仅在他那儿得到了很多有用的东西，还得到了他人生第一辆自行车，并且学会了一些简单的希腊文。化学对鲍林产生的深远影响，超过了以前任何事。

鲍林喜欢上化学，一部分原因是可以挑战智力，就像猜谜语和解智力题一样；还有一部分原因是化学给了他浪漫和探险的感觉，犹如凡尔纳和威尔士的科幻小说一样，一直回荡在心里。

他配制的各式各样的化合物取得了非常好的效果，但也损坏了学校里的许多公共设施，幸好没有伤到自己。

对于鲍林来说，化学给了他精神上的满足，每个数据都要求很精准，如果没有它，他可能无法正确对生活做出理解，也不会让他有井然有序的感觉，很多重要的现象也不会得到合理的解释。

鲍林自从迷上化学之后，就再也不对别的事物感兴趣了，除了学校正规课程外，他选修了所有和化学有关的课程，那个时候他遇到了一位师德很好的老师，在化学方面教会了鲍林很多。在中学最后一个学期，鲍林学到了和化学息息相关的物理课程，教授物理的老师叫厄尔，他的课总是丰富多彩，这让鲍林对化学有了更深层次的认识。

中学三年，学校总是鼓励学生追求知识的完整性。这也使鲍林养成了总是不懈追求事物真相的习惯。除了自然科学以外，鲍林还注意到必须要懂得语言推敲，他是班上唯一一个得到老师鼓励写小说的学生，这件事对他以后也产生了很大的影响。

也许在现代人的眼中，鲍林十足就是一个"书呆子"，可在第一次世界大战前，人们的认知又有别于现在。那个时候，鲍林在同学们的眼中，性格虽然有些孤僻，但他聪明伶俐，受到了大家的肯定和尊重，大家都把他当作天才来崇拜。鲍林也很肯定自己的才华，他很顺利地读完了中学，并给每一个教过他的老师留下了很深刻的印象。

16岁的鲍林开始培养自己写日记的习惯，他希望自己所记录的事件可以让子孙看到，并让他们觉得是件很有趣的事，同时也想在自己浏览时，可以反思犯过的错误和记住欢乐的生活。

在中学最后的一年，鲍林开始筹备上大学的费用，虽然已经有过两次失败的生意计划，但他坚信为商店冲洗相片的生意一定能够得到成功，可还是失败了。

鲍林想要去大学深造的决心是绝不会动摇的，尽管他还没有筹到足够的学费,当他意识到社会经济现状之后,他发誓一定要考取化学工程师学位,只有这样才能让家人和自己过上好日子。杰夫列斯曾在一次家庭聚会中预言,鲍林不会仅仅只是个工程师,他会成为一名教授。

由于鲍林的家境并不宽裕,只有为数不多的几所大学可以选择,而恰好俄勒冈农学院满足了他求学的愿望。在毕业前,鲍林就申请到了去这所大学学习的机会,但因为中学校长拒绝了他同时学习两学期历史的要求,迫使他选择了退学。

原本鲍林可以立即去大学报到,但受到了母亲的阻拦,贝莉需要钱,而对于儿子的化学梦,她根本不在乎,她不愿意儿子为了上大学而放弃优越的工作条件,但杰夫列斯的舅舅和舅妈很赞同他去继续深造,他们的鼓励坚定了他去大学的信念。鲍林知道他的决定很让母亲失望,但他不愿意放弃。

1917年10月,鲍林由贝莉陪同坐火车去了俄勒冈农学院报到。

3. 初到大学

去俄勒冈农学院之前,鲍林在日记里提到,他很担心因为自己年纪小不能和那些年长的同学们融为一体,有点儿畏难情绪,可他又不想因此放弃,他想要摆脱母亲的控制,更想去学习他所梦想的化学。

鲍林的表哥在同一所学校里读机械系三年级,他刚过去的时候和表哥住在同一个宿舍。贝莉也觉得食宿都还不错,但在贝莉回家之后,为了省钱,他离开了那个并不是真心想要照顾他的表哥。

尽管俄勒冈农学院是鲍林唯一读得起的大学,但后来的事实证明他并没有选择错。这里是全国第二大农学院，而且开设的专业比较全面，鲍林入学之后，学校也开始逐步向好的方面发展。

鲍林从出生到读大学的16年里，也是美国工业一次前所未有的转变，不仅将当初很多只是幻想的东西变成了现实，更开发出了很多高科技产品，也因此成就了一大批科学工作者。而鲍林也很向往能成为其中的一员。

很快，很多私营企业为了能够得到更多优秀的技术工人，而开始对大学进行赞助，让大学开设了很多实用性很强的专业，并对中下等阶层的子女打开了大门，而政府也力求大学要担当起"向工人阶级普及普通教育和实用教育"的责任。

化学是这一新的政策最大的受益者，因为在当时很多工业生产都需要化学师。而美国工业中的化学发展很慢，还没有出现能够进行多重化验的化学工程师。德国化学工业的成功和第一次世界大战，让美国认识到了更现代化的化学。

1914年之前，美国很多原料还要依赖德国供应，而在第一次世界大战之后美国开始意识到化学的重要性，那个时候起，美国政府开始重点培养化学方面的人才，而鲍林想通过在学校里系统地学习，登上成功的最高峰。

大二前，鲍林和矿业系的同学学习同样的课程，可他一直没有松懈，没用多久，他就学会了锻铁炉和矿业化学师的技能。他参加了学校组织的矿业俱乐部，很享受一边喝咖啡一边吃面包，一边听着各学科讲座的生活。

化学的入门课程是在农学院最漂亮的大楼里上的。最初这里是给农学系的，在化学系迅速发展之后，这里的一切都换成了化学设备，各种化学实验室也建造了起来，这座楼的名称也从科学堂变成了化学楼。

约翰·弗尔顿教授主持化学楼的工作，可他和别的农学院老师一样，没有一个正式的文凭，但是他对学生很热心，虽然鲍林没从他那儿学到过真正有关化学方面的知识，但是他一直记得这个老师曾经借钱给他，让他能顺利进入研究生院继续深造。

学校里也有很多好的老师。由于不满足于学校只开设初级化学，鲍林总是到处去蹭课听，他后来认识了一位很出色、满怀热情的化学老师，在听他讲课的那一年里，他更加扎实牢固地掌握了化学知识。而另一位数学老师的课也是他喜欢的，他觉得听一个有魅力的老师讲课是一种精神上的享受。

在鲍林读完大一之后，弗洛伊德·罗兰德开始全面管理化学工程专业，虽然他不是很聪明，但他知道，自己是学校里为数不多拥有教授资格的老师。在他教授化学课程期间，12人中有九人继续攻读化学研究生，这在农学院里是一个奇迹。

鲍林在刚上大学的时候，会担心因为年纪小而跟不上学业，可后来他发现自己完全可以像在高中一样很快就掌握精华所在。而对于化学他也养成了个人的喜恶，他不喜欢定性的分析，却对精确的分析非常感兴趣。

鲍林不喜欢自然科学之外的所有课程，能够及格的科目很少，他也曾经想办法解决，最后却放弃了，可他还是愿意去改变自己，他参加了很多学校组织的活动，他喜欢运动，只是自己的体质不太好，所以只有羡慕的份儿。

他也开始寻找自己喜欢的姑娘，但在女生身边，他还是会感觉到不安，这其中可能是因为对自己的长相很没有信心，他总觉得自己是个很丑的人。可实际上他在离家前已经吻过了一个女孩，在上大学不久之后又遇到了一个他觉得找对了的女孩，他们曾谈了五年恋爱。

读大二时，鲍林因为在"溶液室"打工，给很多教授留下了深刻的印象，也因此被"伽托贝"学生联谊会所邀请，在那里他可以肆意放任自己，但是那里有个不成文的规定，那就是要求每个年轻成员每星期都要找一个年纪相当的女孩约会，如果找不到，将会受到惩罚。这让鲍林很头痛，在他装作心脏病发之后，他再也不担心会被恶整。

4. 捉襟见肘的生活

因为贫穷也影响到了鲍林的正常交际，所以除了在学校上课之外，他所有的业余时间几乎都用到了打工上面，为了不耽误正常上课，他总是要争分夺秒，这也成了他的工作习惯。

大一的暑假，鲍林和表哥还有几个同学被送往旧金山军事基地进行强化军官训练，这段时间，他也没有忘记要打工来赚学费。不管多年以后鲍林对于战争持有什么样的态度，但是在第一次世界大战爆发的时候，鲍林是坚决拥护国家的。

鲍林曾经换了几份工作，不是因为差点儿送命就是因为实在太辛苦，后来他找到了探测工作，他很满意这份工作，不仅薪水较高，而且有充裕的时间让他对化学知识温故知新。他把挣到的钱分了两部分寄给贝莉，一部分用来缴下一学期的学费，剩下的用来贴补家用，但在回校前，贝莉不允许他把钱拿走，这迫使鲍林必须要休学一年来攒学费。

虽然鲍林并不喜欢自己的母亲，但是他还是一个很孝顺的儿子，为了让自己的母亲高兴，他可以强迫自己做不喜欢的事，他知道赡养母亲是自己的责任，而母亲没有必要去供自己读完大学。就在鲍林不知道要怎么才能积攒够学费时，农学院考虑到鲍林是个化学方面的天才，请他回学校为其他同学讲授定量化学课。

虽然这份工作要比勘探路面挣的钱少，但是他还是很高兴地接受了，他知道自己更适合去教学，也认识到了教师的责任，而且他习惯了学校的生活，在经历最初的不适应后，他开始游刃有余地为同学讲课，而那些学生也称赞他的课堪称完美，在同学的眼里，鲍林就是一个很伟大的化学天才。

在他教课的一年里，他不仅得到了自己想要的金钱，在课间也学会了打字，并多了很多时间去图书室阅读期刊。因为学校老师很少会将讲课内容和历史背景联系起来，缺少让学生们真正兴奋起来的激情，他只有靠这些期刊来满足自己的求知欲。

一篇署名朗缪尔的论文引起了鲍林的兴趣。论文里讲述了之前的化学未曾涉及的部分，其中很多化学专用词汇也是他第一次见到。在读了当时很出名的化学系主任路易斯的论文后，鲍林开始用全新的眼光去认识化学。

两个人的论文都试图在化学和物理之间建立一种关系，文中详细地解释了"电子"的由来，并介绍了因为电子的产生对世界产生的影响和变化，更肯定了元素周期表的意义，并提出了原子模型之说，更大胆地推论牛顿定律可能是错误的，很多作用法则都需要修改。这两个人的论文一度在社会上掀起舆论潮，鲍林成了最好的追随者。

在读这两个人的论文前，鲍林只会单纯地沿用古希腊原始的化学键理论，但这一理论并不能全面解释出原子结合成稳定化合物的力量实质，而他们两个人的理论却恰好弥补了这个缺憾。

鲍林在学生时代就开始研究分子的结构，很多课程中都会涉及简单的原子模型。他总是想象着原子发生不同的变化。而能够大量阅读资料，对于学习化学来说是件不可多得的事。鲍林也因此学会了用更加成熟稳定的方式去对待分子，他希望可以能够更好地了解物理和化学性质与其分子原子结构之间的关系。

鲍林不仅认同路易斯的思想，更被其言论深深打动，他成了鲍林学习的偶像。他所描述的化学和传统化学是两个概念，他也开始学习路易斯用概括的思想来解释化学现象,这样一来,比起以前的传统思考模式更加深刻。

俄勒冈农学院和其他的高等学府不一样,他们很少组织学术讨论,唯一的一次是有关捕捞方面的。而鲍林却希望有人能和他一起分享他的激动,所以在精心布置之后,他举行了一次更高层次的学术交流会,他向学校的教授们介绍了化学反应的"电子"理论,那个时候他不到20岁。

5. 与爱情相遇

鲍林除了教课之外,还涉猎科学之外的知识,他开始喜欢上文学作品,只要兜里还有多余的钱总会买本《周末晚报》,他喜欢上面那些精短但很刺激的科幻小说,觉得这些文字会终身受益。

鲍林开始对农学院强调实用的培训方针感到不满,对于化学也已经不单单是兴趣,而是开始更注重学术性,朗缪尔和路易斯用理论的方式让他开始偏向物理化学。鲍林向系主任表达了自己的想法,系主任为他推荐了当时很有名的麻省理工学院,后来因为高额的学费,他不得不继续留在农学院。

升入大三之前,鲍林又在工地上做了一个假期,一年的教学经验,让他开始更有自信,学校里的联谊活动他也更愿意去参加,他喜欢现在的一切,他不仅让所有的学科都得到了最高分,而且成功申请到了奖学金,并获得了很多荣誉。

鲍林是学校里最聪明的小伙子,可有点儿自负,在课堂上关于老师提出来的问题,他总会因为对老师的好恶程度给出不同的答案。而对于老师给出的肯定,他根本不在意。

鲍林因为物理化学课的老师是个新人，教授的内容死板且没有新意，而开始对这门学科感到失望。在大学期间，他只对物理化学课和有机化学课感到反感。不过他对演讲越来越有兴趣。

大学四年，他参加了校际演讲比赛，虽然他越来越自信，但是他还是很希望自己可以赢得比赛。他用来参赛的科学理性主义赞美诗，也赢得了很多的赞誉。而诗中也表达了鲍林的乐观，但后来因为他的一些新论让评委很难接受，最后只得了第二名。

大二暑假，他一边打工，一边继续申请奖学金，他像对待所有的事一样，想要得到最好的效果。在申请信里他很肯定地表达了这一笔奖学金将来的作用，为此农学院里有7位老师帮他写了推荐信，信里大家不仅肯定了鲍林在学校里的表现，更认定了他的聪明才智。

德语教授对鲍林的性格进行了详细的分析，一方面他肯定了鲍林的能力，觉得他的前途一定不可限量，但另一方面他也对鲍林急于下结论的毛病进行了批判。然而鲍林这一毛病伴随了他一生。

虽然他得到了所有老师的肯定，成了这笔奖学金的候选人，但最后他还是落选了，这个坏消息如果在平常，一定会狠狠地打击他的自尊心，可是这个时候他坠入爱河了。

鲍林去代课的时候，在课堂上遇到了心仪的女生爱娃。这是个活泼又可爱的女生，很讨人喜欢，不仅如此，爱娃也从朋友的口中得知了鲍林的情况，对他也倾心已久。

尽管爱娃很出色，但由于他和男孩子的关系总是那么要好，鲍林还是有些犹豫了。在他发现了爱娃对自己的感情后，他用写小纸条的方式告诉爱娃，师生间是不能产生感情的，这一举动让爱娃很伤心。

可是这种情况并没有持续多久，鲍林的心理防线被情感彻底地摧毁了。几个星期之后，鲍林写了一张纸条，邀请爱娃去校园里散步。

他们第一次约会时，鲍林有些紧张，处处显得很小心，而爱娃却觉得很有意思。后来她开始做各种好吃的食物给鲍林，并很认真地听他讲化学讲自己，爱娃觉得他和别的男孩子不一样，不会只对自己表达赞美之情，听鲍林说话总是会让人很激动。

在经过几个星期的深思熟虑之后，鲍林肯定自己和爱娃的关系并非师生。在放假前鲍林大胆向爱娃示爱，爱娃很高兴地接受了。而在评定分数的时候，鲍林为了避嫌，故意少给了爱娃一分。

鲍林对爱娃说了很多令人激动的事，也表达了对于现在教育的不满。出于自己的直觉和抱负再加上罗兰德的劝说，鲍林决定继续上研究生院。鲍林向很多所高校都投递了申请。

鲍林投递的几所高校，在物理化学专业都是比较著名的。但鲍林很专情加州理工学院，他希望能在这所最年轻也最小的高校接受新的挑战。

此后不久，鲍林就收到了哈佛大学的录取通知书，但在衡量再三之后，鲍林还是选择了加州理工学院，同时这所大学还录取了鲍林的朋友埃米特。

启程之前，鲍林先为母亲的生活费借了一笔钱，他本来想要和爱娃立即结婚然后将她一起带走，可最后，鲍林选择让爱娃继续学业。爱娃很担心鲍林为了化学会放弃自己，但是看了鲍林在大四毕业前写的一首诗，就打消了所有的顾虑。

在毕业典礼的演讲上，鲍林很明确地表达了自己对于化学的热爱，并且对于当时化学在社会上的地位进行了详细的分析，他渴望能够在学成之后，为母校和社会做出一份贡献。

1922年夏天结束时，鲍林带着这种信念，坐火车去了加州理工学院。

第三章 被化学填满的生活

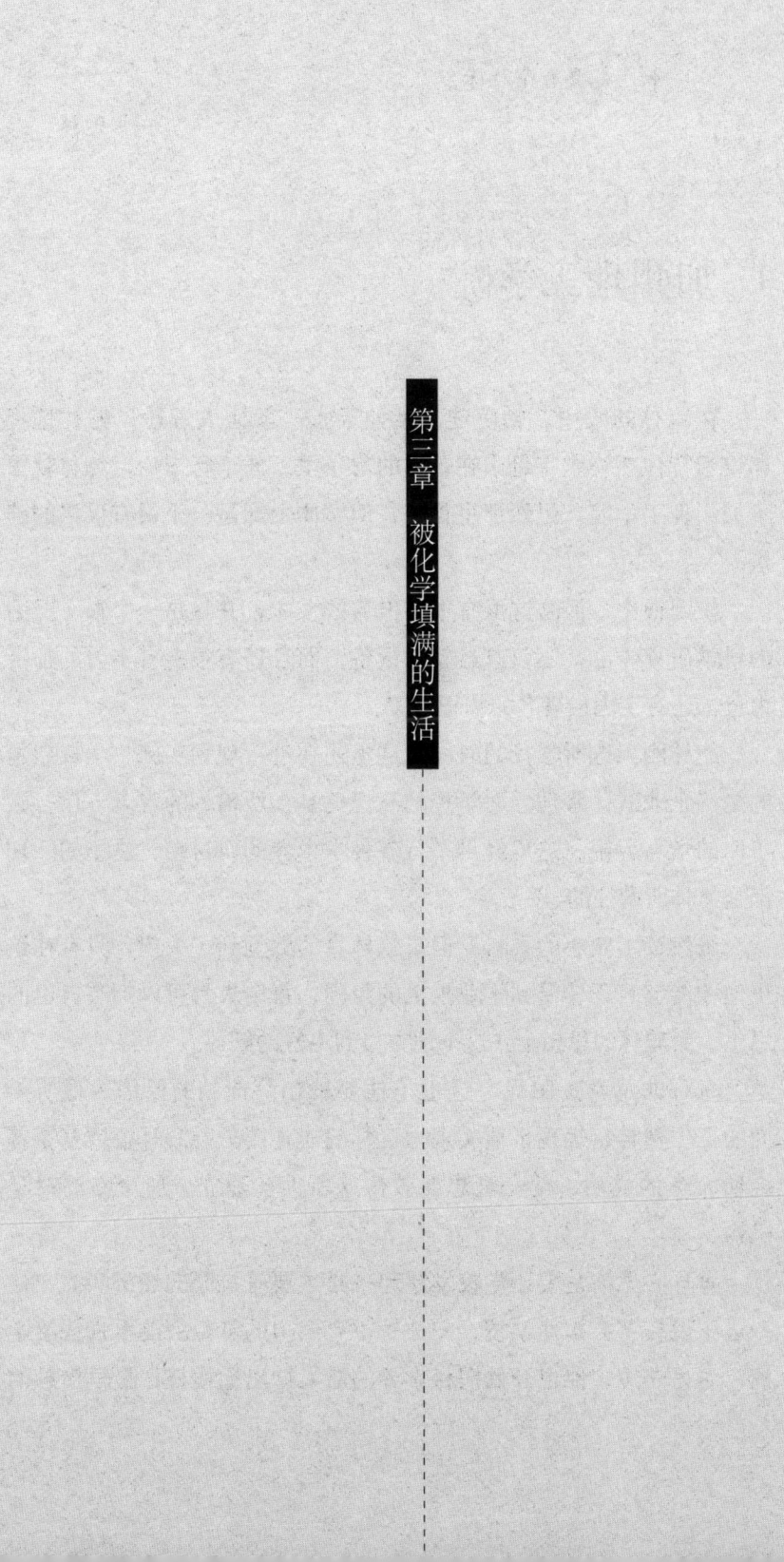

干，就要有个样子。

——鲍林

1. 加州理工学院

在鲍林的眼中，帕萨迪纳就如天堂一般让人着迷。鲍林选择和埃米特住在埃米特母亲在镇上的房子里。放下行李后，鲍林就去了加州理工学院，虽然那里很小，但整体上却是一个很有风格的建筑。

校园很小，但是这里有很多出名的人才，并且是一个很有财力的科学研究中心，不仅有最新的设备，而且还有很多有实力的师资力量，还有全国最著名的物理学家。

鲍林刚到这所学校的时候，这里还在进行规划实施。学校启用的是"企业式"管理，而学校的三位奠基人所信奉的观念，已打破了旧的学科界限。这里经常举行各种学术界的研讨会，这里的一切都是鲍林所向往的。

虽然读了四年的本科，但是鲍林真的感觉到了失望，只有在这里他才能够真正感受到学业至上的氛围，每个人都可以拥有自己的思想，而鲍林的思想会在这个地方得到更好的解放。

海耳非常喜爱阳光，这也是他要来帕萨迪纳的原因，他所崇尚的工作精神，表现了他实现大目标的非凡能力。海耳很钦慕霍普金斯大学的成功，他一直想要效仿这所大学建立一所全新的科学机构。

海耳心里清楚要让学校发展起来必须要有雄厚的经济实力，他一边游说校董会扩建学校，一边劝说有实力的基金会能再投钱给学校，而另一边，他也开始向科学界的能人抛出橄榄枝，最早接触的就是全美知名度最高的化学教师阿瑟·阿莫斯·诺伊斯。

诺伊斯虽然出身名门，但是他非常尊重科学，对工作也很认真刻苦。他的母亲也给了他良好的教育，他的文学造诣经常令人感叹，他觉得一切事物都是好的，他也常以艺术家的身份自居。诺伊斯的成长经历也并非一切顺利，正是因为这样，才让他有了坚定的信念要成为合格的化学师。

虽然诺伊斯只有35岁，但是他精通很多才艺，而且他对事物具有远见。他肯定了物理的价值，并开设了新的交叉学科物理化学。虽然实验室里条件恶劣，但仰慕他的学生总是将狭小的实验室挤满。虽然他获得诺贝尔奖是20年以后的事。

在德国获得博士学位之后，他回到了麻省理工学院教书，但对于这里的财政他很无奈，为了建立新的实验室，他偶然发现了有利用价值的工艺，他利用这笔费用和学校达成了协议，并争取到了对实验室最大的决定权。

1903年后，在中国台湾成立的麻省理工学院化学研究实验室具有德国式风格。德国很多研究院之所以可以成功，是因为提倡教育和研究工作联系在一起，学生一定要通过最新式的进展方式，为未来的研究做准备。而诺伊斯就是将这一思想在美国变为现实的教育家之一。

虽然在形式上很德国化，但是诺伊斯在实验室打上了属于自己的标签。他的思想在当年产生了一场思想风暴，他所强调的学习思想鼓舞了很多后来人。而他的研究功底也很深，但是他最大的贡献还是他改变了对化学系学生的教育方式。鲍林称他是一位伟大的化学教师。

物理化学研究实验室的成立，让诺贝尔奖开始垂青物理化学家。不少化学家陆续开始获奖，而诺伊斯是由卡内基基金会资助的物理化学中的佼佼者，麻省理工学院也开始大批招聘全世界优秀教师和物理化学博士。诺伊斯实验室也成了当地不可多得的化学基地。

物理化学实验室是由诺伊斯亲自负责的，所以实验室更注重应用教育道路发展，虽然他的教育态度对研究室很有利，但是学院里其他的工程师对此抱有不同态度。诺伊斯从工程教育资金里抽走了不少钱，使得其他专业的学生对于学习开始没那么认真。

诺伊斯的实验室在某种程度上也起到了一定的破坏作用，其他高校为了效仿诺伊斯大规模挖走了他的老师和优秀研究生。由于实验室里的教授和学者纷纷跳槽，实验室开始得不到足够的资助，麻省理工学院慢慢招架不住这方面的竞争。

1913年某天，海耳向诺伊斯发出邀请，让他到一所学校工作，他保证将来会得到富人的支持。两年后，诺伊斯开始对麻省理工学院工业化的转变表示不满，他开始对海耳的提议动心。但麻省理工学院因为诺伊斯对实验室掌握那么大的自主权也感到不满，而迫使他在自己55岁的时候提出辞职。

在麻省理工学院里，诺伊斯得到了很优厚的待遇。在这里他开始重新着手新的教学政策，并精心选择本科毕业生进行重点培养，他将学校设为男子校，他所崇尚的就是一个集体至上的学习环境。

加州理工学院虽然是一个新型的学校，但它致力于科研，是一个被后人称为天才摇篮的殿堂。

2. 成功的第一步

在学校开学前几天，诺伊斯和鲍林在盖茨实验大楼的办公室里进行了一次谈话。在此之前他们一直用通信的方式来彼此了解，诺伊斯向鲍林详细讲述了他对于化学教育的想法，并把自己编写的教材寄给他和他的同学，鲍林很钦佩这位给予自己巨大影响的教授，而诺伊斯也对这位能够独立完成工作的小伙子很欣赏。

诺伊斯通过对鲍林的了解，让他在学校的一个实验室里做博士研究。鲍林在那一年学习了一种新技巧，虽然并没有让他学到更多的新东西，但是他觉得很有意思。他一点儿都没意识到这是诺伊斯特意为自己安排的。

研究生的教育是有别于本科教育的。虽然鲍林在本科学习时表现得很出色，但是他还不知道怎么去做创造性的工作。鲍林在课堂上很有手段，但是在创新的实验工作中还需要有不同的一套技能，而实验室就利用师带徒、徒带徒的方法来培养这种技能。

鲍林选择了跟随罗斯科·迪金森教授来学习，他只比鲍林大十岁，但已经获得了化学博士学位，他们不仅是师徒还是很好的朋友。他们在工作中，不仅性格互补而且是一对很默契的搭档。

一直以来很多物理学家都认为光是一种能量波，但是在鲍林进入研究生院学习之后，通过各种实验和理论验证，他才真正了解到光其实是一种衍射现象。而对于X射线之说，虽然有人肯定了它的作用，但没有一套完整的理论来验证。

德国有物理学家预言X射线会成为新的研究方向，但是实施起来并不是太容易，很多科学家投入大量的财力和物力，最后却一无所获。迪金森希望这位聪明的学生可以在这方面有所突破。

经过了几个月的不懈努力，鲍林终于在迪金森的帮助下发现了X射线中的晶体结构，虽然过程很辛苦，但是鲍林觉得从那一刻开始自己已经是一名合格的科学工作者。

迪金森在帮助鲍林完成分析入门之后，就不再过问这件事，鲍林用私人的名义写了一份只有自己署名的研究成果，在诺伊斯和他谈过之后，他才发现自己忽略了迪金森对于自己的帮助，因此加注了迪金森的名字。这一次经历也让鲍林意识到不能低估别人做出的贡献。

在经过了一些失败的实验之后，鲍林开始成为这一领域的高手，而迪金森也很放心地把这一方面的研究全面交给他一个人来完成。后来鲍林开始担负起了教师的责任，而在迪金森访学回国后，鲍林正式接任了X射线专家的职务。鲍林在获得博士学位之前，曾以各种方式发表过数量众多的晶体结构论文。

鲍林早期的研究工作，奠定了他在物理化学界的地位，他花了大量时间去研究晶体，当他意识到晶体新的架构之后，不仅给人带来了审美的快感，还带来了更深远的意义。他发现类型不同，化学键的长度也不相同，很多化学键都是处在中间状态。

在过去，物理化学家总是忽略化学的结构，但是他们逐渐意识到了结构决定物质的性质。而诺伊斯开始淡出教学，把心思都放在了行政管理上，鲍林在此之前选修了他所教授的化学热力学的最后一门课。

这是鲍林在研究生阶段上的唯一一门化学课程，在他之后的研究生活里，主要集中在物理和数学方面。鲍林觉得数学是学习物理的必备技巧。而鲍林的数学导师很出色，他一直在寻找一份自己感兴趣的工作，他在物理学方面的成就也让他获得了双重头衔，他就是理查德·切斯·托尔曼，是在研究生阶段必不可少的人物。

他是一位出身名门有教养的贵族，也曾在麻省理工学院接受教育。他无法忍受该地区粗鄙的商业化习气，他觉得自己和保守的思想格格不入，只有到了哈佛才好像回到了自己的家，但加州理工学院那诱人的工资让他不能离开。

托尔曼是学院里最出色的教授，高工资也是很值得的。他的讲座总是让人觉得信服，而鲍林选修了他的相对论和统计力学。鲍林给托尔曼还有其他专业的老师都留下了深刻的印象。没用多久，他就开始帮助托尔曼准备手稿出版事宜。

托尔曼对于鲍林的最大影响还是他讲述的量子理论。

3. 不同一般的学生

在读本科的几年里，鲍林只学过三个学期的入门物理学课程，很少有最新的物理思想。而年轻的物理学家波尔为了可以全面了解原子，一直跟随卢瑟福学习，他的第一个成就是发现了在后来被人称为量子的元素。

虽然大多数人都接受了这个观点，但依然没有形同统一的意见。而波尔信心十足，在经过了反复的研究证明之后，他研究出了原子模型，这也成为他最令人瞩目的成就。而在关于氢的理论上也是相对成功的。

后来德国的一位物理学家拓展了波尔的原子模型，用爱因斯坦的相对论对电子上的一些轨道运动进行了修正。两个人所推导的原子模式在一战后占据了有力的主导地位，鲍林也在托尔曼这儿学到了两个人的模型。

虽然原子模式的成就是喜人的，但在后来也有人通过其他理论开始对它进行质疑。鲍林因此听到了不同的声音。一次，鲍林想要用自己的方式向那个德国物理学家证明他所理解的原子结构，但自身学识的不足让鲍林很痛苦。

鲍林所知道的东西还仅仅停留在过去的研究成果上，他希望自己所懂得的东西可以带上理论性，他开始对理论思维沉迷，他想要成为成功的理论家，他知道自己正走向一条通向巅峰的路。

为了这一愿望，鲍林给自己定了一个目标，他想要在分子中寻找原子结合的规律，而化学键就是解决问题的钥匙。鲍林在研究生阶段早期就瞄准了对真正的"物理化学"进行研究，这将成为一项非凡的成就，可是想要成功，还需要掌握更多的新物理知识，鲍林开始不断阅读有关的书籍及资料，还不断参加相关研讨会议。

加州理工学院在世界上越来越有名气，应该要感谢密立根，他给学校带来了很多知名的物理学家，而他自己也是获得诺贝尔物理学奖的第二个美国人。不少外国物理学家到美国讲学时都会到这个学校做短暂停留，在鲍林的研究生时代，加州理工学院成了学习物理学的最佳场所。

为了能够更好地学习量子理论，鲍林开始投入到数学当中去，他对于精确一向并不感兴趣，从来没有真正喜欢过这一学科，他只是把数学当作一种工具，来解决他认为很有趣的问题。在托尔曼的帮助下，鲍林毕业前有了自己的新思想，即鲍林最初理论。

这一理论形成是同时从几个方面发生的，1924年末，鲍林为诺伊斯修改几篇论文，在整个修改的过程里，鲍林开始有了新的想法，他用诺伊斯的论文作为自己理论的基础。经过几个月的努力，他系统地提出了自己的理论并整理成论文交给了诺伊斯。恰好那个时候世界上最伟大的物理化学家之一的德拜被邀请到了帕萨迪纳。

围绕着众多对物理学有贡献的科学家，鲍林用了几个小时讲述了自己的新理论，可最后却因为在数学公式上出了很多问题，而让这次会议没有了任何意义。在之后的两年中，鲍林不停地对该理论进行研究，但最后不得不在权威的劝说下放弃。这一经历给鲍林带来了遗憾，但也肯定了自己走的是正确的道路。当然不得不提的是，德拜也同样很欣赏他，在他们共同的研究下，在1925年发表了研究成果。

与德拜共同发表论文，在鲍林眼里是一件很了不起的成就，但与此同时他也开始着手对于新的理论做研究，在后来与托尔曼的合作完成第一稿时，鲍林很自负地要将自己的名字排在署名的第一位，而忽略了尊重导师这一点。

后来，鲍林的这种表现没有一点儿改变，托尔曼也最终不再和他合作任何论文，虽然鲍林对托尔曼在某种程度上是不尊重的，但是他不得不承认,托尔曼在他的成长中起到了一个很重要的作用。

而对于诺伊斯,鲍林没有感激之情,他觉得诺伊斯并不像个科学家,鲍林一直对他保持距离。但诺伊斯对他抱了很大的希望,他给了鲍林很多施展自己才华的机会,看着鲍林一步一步走向成功。

1925年6月,鲍林取得了化学博士学位,辅修物理和化学,而他在实验室和教室的表现给所有老师都留下了深刻印象。

鲍林很勤奋,他的工作总是很多,不仅要花大量的时间去上学校里的课程,而且剩余的时间多半用来进行研究,几乎没有什么休息的时间。但他每天都会给爱娃写信,他很挂念她,在鲍林入学的第一年,他们就不顾双方家长的反对结婚了。

在鲍林结婚前,他花了50美元买了一辆旧车,不懂驾驶的他在急忙赶回俄勒冈的时候还出了一次意外,在他赶回家后婚礼才开始。在度过了一天的蜜月之后,鲍林又开始了暑假打工,原本他们夫妇是和贝莉一起住的,但因为贝莉从来没给过爱娃好脸色,鲍林不得不带着她一起去工地工作。

爱娃的才智让鲍林都感到了折服,她常常告诫自己的丈夫要勇于承认自己的错误。鲍林发现爱娃在数学方面比自己更有天分。多年后的一次访问中,鲍林也承认了这一点,并含蓄地表达了爱娃伤害到了自己的自尊心。

在开学后,鲍林夫妇一起回到了加州理工学院,爱娃一边想办法维持生计,一边想办法和自己勤奋的丈夫在一起,她为了和鲍林有共同语言,一直都在做他的副手。不过他们偶尔也用别的方式放松自己。

一次偶然机会,鲍林访问了路易斯,同诺伊斯一样,他同样是美国物理化学方面的领袖。他们一见如故,鲍林希望在他的指导下攻读博士后,和诺伊斯一样,路易斯很欣赏他,并答应考虑。诺伊斯在听到这个消息之后很担心,虽然他早就为鲍林留好了职位,但像鲍林这么优秀的学生，很多学校都会希望他能在自己的学校里发展。

让诺伊斯最担心的就是路易斯，伯克利化学系一直都很有实力，也深知路易斯是个别具一格的人，有独特的个人魅力。让鲍林到伯克利和路易斯单独待在一起是件冒险的事。他一方面暗示鲍林只有加州理工学院才是最适合他学习的地方，一方面他和密立根游说他能够申请到新成立的基金，能够去欧洲进一步学习。

但鲍林有自己的想法，他希望可以和路易斯工作一段时间，在他听说了那个基金有附加条件之后，选择了一年后再出国。他知道欧洲是自己顺理成章的选择，虽然美国的化学已经不再落后，但是在物理理论和其他的发现方面，欧洲还是很强大的，一些新生代的理论家几乎都是欧洲人。而诺伊斯只有6个月的时间做准备，不然鲍林很有可能就再也不会回到这个学校。

鲍林在1925年夏天开始，就将注意力集中到新的命题中去，在研究中鲍林又一再把问题延伸，他开始宏观地思考科学问题。诺伊斯也在积极地谋划着鲍林的未来，在一次诺伊斯于基金高层的晚饭后，鲍林在12月份提出了申请，寻求学习的机会。

诺伊斯在得知鲍林仍有时间去路易斯那儿学习时，再一次为鲍林出了主意。他们不仅可以带着自己的儿子，还可以趁着没去欧洲报到，去罗马看一看，他会为鲍林一家人准备好一切，在巨大的诱惑面前，鲍林选择了后者。诺伊斯为了留住鲍林用了很高明的手法，但是他自己也招来了全国科学研究委员会的批评。

在决定了去欧洲的那个地方之后，鲍林夫妇做了慎重考虑，他们把自己马上就要一周岁的儿子留给爱娃的母亲照看，他们会支付母亲费用。再次见到儿子的时候，已经是一年半以后的事情了。

4. 寻找新起点

诺伊斯是个很浪漫的人，他希望鲍林可以感受到意大利的风土人情。但是鲍林对这一切都没有什么兴趣，他匆匆结束了旅行，希望能够尽快地投入到科学中去。

慕尼黑是个旅游胜地，被德国人称为啤酒和艺术之都，但第一次世界大战改变了这里的一切，它曾经被其他国家占领，最终经过恶战又回到了祖国，这里却再也不是以前的样子。在通货膨胀的推动下，一些人想要密谋推翻当地的政府，可最终行动还是失败了。

鲍林到达慕尼黑的时候，这里表面上已经平静了不少，但仍有不少的艺术家被驱逐。鲍林夫妇在离慕尼黑不远的地方租了一间公寓，安顿好一切之后，他马上见了索末菲，他是慕尼黑理论研究学院的院长。

索末菲已经58岁了，是人们心里的圣人。虽然他不是一流的理论家，在量子力学的发展史上他也不过是一个很重要的配角，诺贝尔奖和他一直无缘，但却是一名很出色的数学家。

在鲍林眼里，他并不是那么无能，他有能力把一个毛头小子培养成杰出的科学家。他会把很多先进的思想带到课堂上和学生们一起讨论研究，这样一来，学生们就能在一篇论文没正式发表之前了解学科的最新进展。

索末菲的讲座很有传奇性，不仅可以让学生们有足够的兴趣，还能将各种不同的理论结合在一起。他的讲座是物理学系的必修入门课。和他的讲座等同的是他很乐意和每一个同学都保持亲密的关系。

在培养成功的物理学家方面，索末菲的研究学院是其他院校不能比拟的。二战前在德国教书的物理学家有1/3的人来自这个研究学院。他们在那里学到索末菲的乐观精神，没有什么是不可能做到的。

在做研究时，乐观是必不可少的，很多人越来越清醒地认识到，关于电子沿轨道转动的原子模型不能说明问题，仍然有很多问题无法解释，即使有很多人试图用试验去解开谜团，但最终只是再次延伸出其他存在的问题。

在研究生阶段，虽然鲍林听到很多关于原子模型的质疑，但他仍然坚信这一理论的正确性，但没过几个月，他就开始用新的眼光去对待原子了。

在和索末菲的一次谈话中，鲍林向他表达了自己的心愿和以后的意向，但是索末菲却告诉他，在美国根本就不用特别紧张，美国的物理学不会有所作为。最后索末菲让鲍林去研究一项自己并不是很热心的课题。但鲍林没多久就放弃了，他的兴趣并不在这儿。

鲍林感兴趣的是关于氯化氢的问题，他试图通过量子理论来证明原子模型是正确的，鲍林费了很大力气才说服索末菲同意自己着手研究。在和诺伊斯的通信中，鲍林告诉他，自己一定要在德拜举行的研讨会之前做出成绩。

鲍林开始废寝忘食地工作，经过十几天的努力，帕萨迪纳实验室证明了他的结论，之后他用德语写了一篇论文，被索末菲带到了苏黎世的会议上。没过几天，索末菲通知鲍林来瑞士详细解说自己的观点。

鲍林和爱娃一起启程去了苏黎世。鲍林终于开始受到了重视，这令他很激动。在到达目的地后的几天里，鲍林和一群很著名的物理学家进行了交谈。

让鲍林兴奋的还是与在物理上有很多贡献却又有很多争议的年轻物理学家泡利交换看法，鲍林向泡利讲述了自己的工作和对经典理论的改进，却被他称为没有意义。在一年以前，一种新的量子力学思维方式就已经替代了波尔-索末菲的理论。

5. 初生牛犊

泡利的好朋友维纳·海森伯是波尔-索末菲理论的主要扼杀者。他们两个性格互补，也同时受到了波尔怀疑论的影响并崇尚数学，他们将这一原子理论称之为"骗局"。而海森伯却想要终止这场骗局，他将原子模型理论抛到脑后，开始属于自己的研究，在经过充满神奇色彩的几天里，海森伯依靠可观测到的光谱数据，创造了被后人称为矩阵力学的新数学方法。

矩阵力学是一个规模庞大、要求极高但又不是唯一的数学体系，人们开始反对他的学说，认为脱离了现象本质，是一种异想天开。鲍林曾在加州理工学院听过海森伯的讲座，也不能接受他的这一思想。

1926年3月，在鲍林前往欧洲之前，物理学界被另一种几乎是完全不同的量子物理体系发表所震撼。而著作者是个老派的奥地利理论物理学家。他的骨子里抱着对量子思想自相矛盾的、直觉性的厌恶。他就是埃尔文·薛定谔。

薛定谔想要用经典的观念去解释原子，他利用电子像波这一现象，提出了一个数学方程式。尽管令人难以置信，但最后他提出的体系可以完整地描述原子的实际，最后被人称为是波动力学。

薛定谔的波动力学比海森伯的矩阵力学更有说服力，也更容易让人接受，虽然索末菲有些怀疑波动力学是否真的可以描绘出这种物理现象，但他的方程还是被看作是电子"云"。波动力学还表明了波尔的预测，在很复杂的原子中，附加的电子可以被设想为在内层球体外形成了新的球体外壳。

很多支持经典量子理论的物理学家认为波动力学的产生让传统物理学更加具体化。鲍林虽然并不是一个传统的学者，但是在索末菲的指导下，他也承认波动力学的作用还是要比矩阵力学更加的诱人和方便。

索末菲把波动力学这种新思想带到了慕尼黑。1926年夏天，薛定谔来到这里讲学，在他讲座结束后，海森伯很气愤地当面提出来自己对波动力学的质疑，慕尼黑实验室物理研究院的院长代替他给了海森伯答复，而海森伯却很冷静地说矩阵力学才是解决一切问题的方法。

这两种世界观产生了碰撞，海森伯坚信自己的理论才更加准确，而薛定谔则认为原子肯定具有经典物理学的性质。虽然两人在公开的辩论会上并没有发生冲突，但却在私底下暗暗较劲。

泡利告诉鲍林，他们两个人的理论都要比旧的量子理论优越，两个人都用最少的矛盾解释了最多的实验结果。而还要继续研究旧的理论的话，真的是毫无意义。

不过泡利也意识到鲍林跨学科的体系是可以证明新的量子力学的极好试验。泡利告诉鲍林，他的理论可能是错误的，对新的理论产生不了任何的影响，如果他继续发表自己的支持旧理论的论文，用意只不过是为了进一步证明旧的量子理论的错误。而几星期之后自己在帕萨迪纳的试验结果也否定了他的预测。在他经过一段时间的论证后，终于相信旧的量子理论已经不存在了。

在之后鲍林写给诺伊斯的信中，鲍林提到了自己放弃了旧的量子理论，开始了对新的力学研究。

爱娃很喜欢欧洲，虽然鲍林工作日程比较紧，但是他们还是抽空补上了没有度过的蜜月，经常一起外出参加活动，而爱娃也给索末菲留下了深刻的印象。她经常跟着鲍林一起去听研讨会和讲座，通常她都是唯一的女性，对此她总是很自豪。

到了慕尼黑几个月之后，他们夫妇参加了美国学生的联谊会，经常和新来的一些学生谈论生活和工作方面的问题。虽然鲍林和爱娃都很想念自己的儿子，但是也很庆幸当初没有带着他一起来。对于爱娃的头脑清醒，鲍林在一次给诺伊斯的信中给予了肯定。

但唯一遗憾的是，7月初，露茜尔来信说，母亲得了很严重的病，已经送到医院去急救。鲍林马上回信表达了对母亲的愧疚，并表示会尽全力满足母亲的需要。但最终信还没寄到，贝莉就永远离开了他们。

可能贝莉的离开是对不幸生活的终结。在鲍林大一的时候，贝莉在别人的介绍下认识了一个士兵，两个妹妹都不喜欢这个好吃懒做的继父。新婚不久，贝莉就染上了流感，最后情况开始严重，继父也突然消失了。

波琳在高中毕业之后也来到了俄勒冈农学院，但是她很快就认识了一个俱乐部的教练，并且两个人还偷偷地结了婚跑到了洛杉矶。而当贝莉知道这一切的时候，什么都来不及了。只有露茜尔一直照顾贝莉，直到她离开，那个时候她觉得自己的压力很大。

鲍林最后一次见到母亲，是在1926年3月，他们夫妇在去欧洲途中回了次家，那个时候的贝莉已经很衰老了，但是鲍林不愿意留下来照顾母亲，只是告诉母亲需要钱的时候尽管告诉自己，在走之前他还拜托了自己的叔父和一个住客多照顾自己的母亲。

在鲍林走了之后，贝莉以十美元的价格把寄宿房卖给了唯一留在自己身边的露茜尔。她的精神状况越来越不好，常常把小女儿弄得精神崩溃，最后只能把贝莉的大姐格蒂叫来帮忙照顾。

在无可奈何的情况下，格蒂将自己的妹妹送进了精神病院，但当露茜尔看到母亲在医院的情景之后，哭着让阿姨带母亲回家，可是一切都来不及了，几个星期后贝莉就去世了，那个时候她只有45岁。

当鲍林在家里接待朋友时，她从妹妹的信中得到了这一噩耗，再联想到阿姨曾写信对于他的不孝进行指责，鲍林在朋友面前不禁失声痛哭。

贝莉去世之后，波琳写信给自己的哥哥，指责他的种种，让鲍林很气愤，但是在给露茜尔的信中，鲍林却很详细地解释了自己这么多年对母亲所做的一切。他不在乎别人对他的误解，但不希望她也一样。后来鲍林因为在世界的另一端而不能参加母亲的丧礼，他向自己的妹妹做出了忏悔。

6. 美国神童

鲍林在悲伤之余也终于卸下了多年以来的重担。8月初，鲍林夫妇骑车去瑞士和法国度假，虽然在路上他做了一些工作，但更多的是休息。秋天他们回来的时候，鲍林一身休闲装扮，在爱娃眼里非常迷人。

鲍林在学术上也是很出色很迷人的。那些欧洲人一直以为来这里求学的美国学生很糟糕，但是鲍林和其他一些出色的科学家改变了这种印象。而鲍林也在一直努力要让德国物理学家看到他们的改变，在这些人眼里，鲍林不仅与众不同而且见多识广。

鲍林在慕尼黑的第一学时听了索末菲的微分方程，他的教学很特别，他从不简单地传授对事物的解决办法，而是帮学生指出理论上的不足，并为学生提供一个以升学工具箱为基础的新理论模型。这很符合鲍林的口味，因为他也一直提倡学术应该是实用之后才是严密。

虽然鲍林持有这样的心态，但是他高超的数学技巧还是让他获得了美国神童的称号。1926年夏末的一天，鲍林带着自己的新发现走进了索末菲的办公室，在经过了正确的公式计算之后，大家认同了鲍林对索末菲助手格雷戈尔·文策尔提供的论文上关于数学的错误。在鲍林对此事写了论文并发表在《物理学杂志》之后，不仅标志着鲍林运用量子力学的转折点，也促进了他和索末菲的关系。

1926年秋天新学期刚一开始，索末菲就和大家一起学习了波动力学的知识，在课堂上索末菲很系统地讲解了薛定谔关于原子波动图像的强有力的数学模型，这是历史上首次关于这一课题的课程，其间，鲍林和索末菲学到了同样多的新东西。

　　鲍林开始为波动力学这个新的世界忙碌，他希望把新的体系运用到更为复杂的原子和多变的化学性质上去。经过了多次反复计算，鲍林将文策尔的论文里用到的数学手段运用到了试验中去，他为波动力学领域走出了第一步。

　　12月底，鲍林在自己的住所开始起稿长篇论文，爱娃一边听一边等，还时不时对鲍林的一些曲线图进行质疑，使得鲍林避免了很多错误出现。当论文交给索末菲的时候他很高兴，在《公报》上，索末菲很肯定地指出这些是从来没有人涉及和解决过的。

　　鲍林也深信自己写了一篇好论文，他准备把自己的屏蔽常数思想更加深入下去。在给诺伊斯的信中，他也表明了他的方法如果成功，将会得到推广和运用。这一项目完成了鲍林对于研究兴趣的一个重要轮回。

　　在对X射线只能解决最简单的晶体结果问题上，鲍林一直很沮丧，到目前为止还没有人能够找到一套很实用的规则来解决问题，而如果一旦找到很有可能解决成千上万比较复杂的晶体结构。

　　因为运用量子力学和修改文策尔的论文时学到的技巧，鲍林学会了换另外一个角度去解决这个问题，在几个星期之后他又写出了另一篇很重要的论文，他认为运用新的屏蔽常数可以在量子力学的基础上牢固地建立起一个粒子大小的表，而他运用自己确定的那些数据开始构造决定原子结构的一套一般性规则。

　　在他前后发表的两篇论文之后，不仅确定了鲍林在国际上的地位，并指出了未来可研究的方向。在这两篇论文中他都采用了半经验的方法，更为重要的是他将X射线晶体学和波动力学相结合，让这两者互相检验。他坚信只要继续这一工作，就能从中学到有关化学键本质上的大量知识。

7. 备受打击

在化学键方面，鲍林没有取得突破性的进展，他希望能够继续研究下去，在索末菲的建议下，鲍林很顺利地申请到了奖学金，他希望有更多的时间去其他的地方学习不足的知识。在9月份鲍林回到了自己的国家，途中他还去访问了一下布拉格父子。

鲍林回国之后工作并没有得到马上的安排，在给诺伊斯的信中他提到了关于回到理工学院的职位和薪水问题，同时他也写信暗示路易斯，如果他给的待遇更高的话，他可以去伯克利。但路易斯在几个月后的回信中很婉转地拒绝了他。

路易斯对鲍林那么痴迷理论物理，还是不是一个化学家有些质疑。因为在慕尼黑的一年里，他并没有去过物理化学研究所，除了和化学系的主任有过几次闲聊外，他所有的交际和研究都是理论物理这个领域。

但鲍林自身的天赋和技能让他又回到了化学领域，在大学和研究期间，他是大家公认的最优秀的学生，但是在欧洲很多和他资质一样的年轻人还没有得到机会展示才华，他意识到自己虽然运用了半经验方法解决了化学问题，但是离数学物理的严格要求还差很多。

在慕尼黑时，鲍林曾写信给诺伊斯说，他觉得自己知道了一些别人并没有掌握的关于化学的丰富知识，虽然很多人觉得自己研究的项目应该归入物理，但是化学研究仍然属于化学范围。他肯定了自己是个分子化学家身份。

在此之前还没有人提过"分子化学家"一说，鲍林暗示自己开创了一个属于自己的天地，但是对于名称诺伊斯并不在乎，他需要的是鲍林能够把用物理学光芒照亮化学的火炬带回来。1927年春末，诺伊斯写信告诉鲍林，他获得了加州理工学院里一个双头衔教职，理论化学和数学物理助理教授。

1927年春夏之际，量子力学又迎来了一个新的阶段。因为薛定谔和英国神童一起联手弥补了两大力学之间的裂缝。同时证明了薛定谔之前提出的观点并不正确，只是一个统计学意义上的概率。

两大力学之所以可以成功，是因为用数学预测了原子的形态。一些思想开放的物理学家肯定了新的量子力学的作用，但是海森伯和薛定谔依然在数学背后的现实进行争论。在经过了数月的钻研之后，波尔断定他们的两种描述都是正确的。

似乎波尔的解释是在回避问题，大家开始意识到没有人能够用一种最简单的方式去描述什么是电子。在与波尔经过长时间的讨论之后，海森伯依旧没办法用很清晰的思维去解释，自然界的现象是否真有那么荒唐。

1927年3月，在海森伯提出了"测不准原理"之后加剧了物理学逐渐和哲学合流的倾向，在对他的矩阵力学进行简单的推广之后，海森伯指出，一个观测者是无法同时指导一个电子的确切位置和速度的，因为他的思想从本质上来说还是基于实际的经验。

若是真的和海森伯说的一样，那么这一观点将对认识自然提出了更大问题，这不仅表明现在的研究是精确观察的极限，之前在原子里发现的关系也不再存在。但是在海森伯的测不准原理下，宇宙是无法预测的，因为人们连一个电子的未来都无法预测。

海森伯曾经把自己的原理论文让鲍林看，鲍林意识到这可能是一场犹如命运等哲学问题的争论，但是他是个实用主义者，他觉得这样的争论毫无意义。他不愿意去费神参加相关的任何讨论。

他对波尔关注的问题也不感兴趣，他在化学键上没有取得什么成功。1927年初，年轻的丹麦物理学家布劳发表了一篇论文，成功地证明波动方程可以解决化学键的问题，鲍林想要将布劳的理论推行下去，但是最后却失败了，当然失败的还有海森伯和狄拉克。

鲍林与波尔身边的学者塞姆建立起了有价值的联系，他是发现电子自旋的科学家之一，刚刚写完了自己的博士论文，他对量子力学很感兴趣，鲍林希望可以把塞姆的论文用英语进行翻译。

几个星期之后，他们两个人被叫到了波尔的办公室，当他听完了他们现在的工作情况时，只是很敷衍地说了几句就让他们离开了。这是鲍林在哥本哈根待的一个月里，唯一一次见波尔。

在去访问薛定谔的路上，鲍林夫妇在素来有年轻物理学家精神家园之称的马克思·玻恩研究所停留了几天，尽管时间很短，但是鲍林遇到了很多量子革命的关键人物，他们与他进行了长时间的讨论。

鲍林希望薛定谔能够比波尔容易接近一些，可薛定谔一直在欧洲各地进行巡回讲演，虽然他也曾到过美国，有过短暂的愉快经历，但他没办法改变他对美国人糟糕的看法，在他39岁的时候，一夜之间成了科学界超级巨星，也迫使他留给美国学者的时间很少。尽管鲍林用了两个月的时间来接近他，但是都无功而返，为此鲍林觉得很失望。

但是化学界还是传来了令人激动的消息，鲍林的好朋友海特勒和伦敦在跟随薛定谔攻读博士后几个月后，终于成功地将波动力学运用到了氢分子的电子对化学键上。而之前他们在一次聚会上，对此还都无能为力。

鲍林到了苏黎世之后立刻拜访了他们两个，得知这一切都归功于海森伯在之前提到过的电子交换，鲍林很高兴他们能够取得这一成果，在这里的两个月他努力推广两个人的概念，虽然在计算方面都是他一个人完成的，不过他们三个人也进行了多次讨论，在以后的十年里，海特勒和伦敦的共振被他用来解决所有的化学结构问题。

第四章 让山巅更高些

化学键的大门敞开着，等待有识之士去扬名。

——鲍林

1. 新的启程

当鲍林重新回到加州理工学院时，这里已经和过去完全不一样了，不仅开设了遗传生物学，而且还有了自己专门的实验室，每年入学新生大比例地增长。

鲍林夫妇和他们的儿子租住了一所小房子，开始了他正式的教学生涯。不知道为什么他的教职并不是那个豪华的双头衔，但是他并不在意，他希望能够更好地做自己的研究并带出更优秀的学生。

迪金森转向了别的研究领域，X射线实验室由鲍林接手，他的办公室是实验室里的一个角落，只有一张桌子，为了直接监督他的第一个正式研究生霍尔姆斯·斯特迪的活动，他准备了250页关于波动力学的、后来被改写成书的笔记，开始了自己第一门课程。

他几乎把剩下的精力全都投到了科研中去。在他和塞姆书信来往中完成了共同的著作《线状谱巅峰构造》。虽然是他自己的第一本书，但是其内容也是得到了大多数人的认同，在某种意义上来说是成功的。

在书出版之后，鲍林原本在化学系开设了相关的课程，但是只上了一节课就被通知取消了，他不知道具体原因是什么，也许是诺伊斯想让自己专攻化学。但他的担心完全是多余的，鲍林的兴趣一直都很广泛，他只是想要将学到的物理理论知识运用到化学中去，并没有想过会改行去研究物理。

在从欧洲回来之前的几个月时间里，鲍林一直在研究纯理论物理，量子学上的东西让他着迷，鲍林意识到在新物理和化学的交界可以找到属于他的突破口。

他具有世界化学家和渊博物理学家的知识，化学键问题在美国当时还是一个新的领域，他只需将自己在欧洲学到的知识加以利用，他确信被新物理学改造过的化学是属于他的。

鲍林确定了自己工作的重点，开始对量子化学键问题展开分析，虽然海特勒和伦敦已经先他一步将量子力学运用到化学键上，但是很肯定还有很大的余地可以让自己充实和修正他们的创新思想。

鲍林首先在《化学评论》上发表了海特勒和伦敦在化学键上的研究工作，表明了鲍林以量子化学家的身份登上了美国科学的舞台。之后，他在《国家科学院学报》上发表了一篇注记，先是肯定了两个人的成就，又称自己可以用量子学来解释碳的四面体结构。

他成功引起了人们的注意。碳化学是生命的化学，但是物理学家和化学家一直都无法在这一问题上取得一致的意见，能否协调物理学的碳原子和化学家的碳原子是个巨大的挑战，但是鲍林决心迎接这一挑战。

在1928年的注记中，鲍林在海特勒和伦敦的能量交换基础上提出了另一种解释，这是一种可以令人振奋的思想，但是需要有相对的数学支持，虽然在注记中他并没有详细的解说，但是在给路易斯的信中，他却表明新的原子模型重现了之前两个原子模型的鲜明特点。

鲍林的详细解说经过了三年才和读者见面，因为在此之前，他一直在不断地重复计算，想要证明自己的观点是正确的，至少也应该是自己相信的，还要让其他的人信服并不容易。鲍林在找不到捷径的前提下，只能做出各种假设，希望可以进一步简化数学方程。

同样的问题也难住了不少化学键方面的科学家，鲍林一直相信数学可以解决一切问题，但后来因为其他的研究问题，碳的问题不得不搁置。

加州理工学院继续吸引着大批人才来这里学习，鲍林对于他们的研究课题一直都有强烈的兴趣，而且发表了有关方面的论文。

鲍林的大部分时间还是放在了X射线解决分子结构问题上，但是因为对数学并没那么精通，他的研究陷入了困境。

鲍林并不看好以前科学家们的研究方法，他希望可以通过预测和筛选，让多数并没有什么用的假设，只剩下几个可能性。

但是要让别的科学家也能做出精确的预测，需要一套系统的规则和能够运用起来的原则，用此来说明某些结构的可能性和不可能性。

在英国，一名25岁时就获得了诺贝尔奖的物理学家，同时是曼彻斯特实验室主任的威廉·劳伦斯·布拉格也在用同一思路进行思考。

布拉格对科研的兴趣大于行政，而他集中对硅酸盐进行研究，并发明了自己的研究捷径。但鲍林在这个时候也开始了对这方面的研究，鲍林认为有必要给他增加一些压力。

鲍林开始用量子力学的方法来确定离子半径，他们的研究方向一致，但是结果却并不相同。

在通过一系列的思考和研究后，鲍林终于找到了一种相对来说比较简单的程序，可以用来排除掉不可能的晶体结构。

鲍林开始在杂志上发表自己的规则，这一规则解决了晶体上两个复杂的问题，并很快被其他晶体学家称为"鲍林法则"。但他做的不仅仅是这些，通过这些法则，他还解决了云母结构问题。

2. 有些飘飘然

鲍林法则上的成功，让鲍林希望可以得到更多的成就。1930

年，鲍林的成果被《科学美国人》评为基础化学领域内的两大"杰出"发现之一。

鲍林在量子力学方面的成就渐渐被人接受，鲍林开始陆续接到各个大学发给他的任职邀请。那一年鲍林发现自己与十几个和他一样精通量子物理的科学家身价倍增。

在鲍林收到哈佛的邀请后，他凭借这个向诺伊斯要到了副教授和加薪两个好处，并且为他增加了实验室助手和去欧洲的旅费。

但是鲍林在去哈佛访问一个星期之后，却决定放弃这次机会，他并不喜欢那里的科研方式和人际关系。但是在彻底回绝之后，鲍林通过这个优势争取到了和路易斯合作的机会。

除了鲍林之外，奥本海默也得到了加州理工学院的青睐，虽然他总是伴着很多争议，但还是给帕萨迪纳的人们留下了深刻的印象。

原本因为两个人的相同爱好，他们已经开始了对化学键问题的研究，但奥本海默常常会对他做出一些超出朋友的举动，这让鲍林很心烦。

但两个人彻底决裂，是当鲍林知道奥本海默在他不在家的时候，去邀请爱娃到墨西哥约会，这让鲍林很气愤，并因此结束了他们之间的合作关系。

很多年后，爱娃告诉鲍林，也许奥本海默爱上的不是自己而是他，经过了一阵沉思之后，鲍林肯定了她的想法。

鲍林决定开始靠自己来解决碳四面体化学键方面的问题，但是他似乎走进了一个迷宫，怎么都走不出来，在无奈之后他决定去欧洲寻求帮助。

鲍林很渴望能和布拉格进行学术上的探讨，但是布拉格对他除了生活上尽心照顾之外，并不愿意再和他过多地进行研究讨论，这让鲍林很失望。

鲍林后来从其他科学家处听说，因为布拉格对于他在这个领域把自己打败一直耿耿于怀。因此，他们之前一直通信交流的关系在这次会面后被蒙上了阴影。

除了布拉格以外，其他的科学家都很热情地招待了鲍林，并且请他到自己的实验室去进行学术交流，这在一定程度上让鲍林很欣慰。

在他去拜访赫尔曼·马克的时候，他发现了一种在真空管内将一束电子射过一股气体的方法，这让鲍林很兴奋，并表示很有可能帮助他们获得更多不同分子的键长和键角的知识。

1930年，鲍林通过马克提供的资料用了两天时间建造了一台电子衍射仪，虽然研发的时间比较长，但是却成了加州理工学院最重要的科研工具。

虽然鲍林在欧洲并没有取得什么大的成果，却因为一个叫约翰·斯莱特的物理学家运用薛定谔波动方式能够描述碳原子的四个成键电子而兴奋不已。

鲍林用了几个星期来进行计算，都没有发现捷径，就在快要放弃的时候，他却发现如果改变波函数，一切都可以变得简单。

在接下来的时间里，鲍林开始运用基本方法，将原本无法解释的问题一一进行了解答，这种成就感，让鲍林有了飘飘欲仙的感觉。

鲍林在之后又用了两个月的时间来对自己的想法进行扩充，并将自己的论文整理发表，为了让那些对数学并没有多深认识的基础科学家能够读懂他的论文，他简括了对规则进行验证的方式，并列出了推理的例子。

1931年2月，鲍林将标题为《化学键本质》的论文寄给了《美国化学学会学报》，这篇论文在当时引起了很大的轰动，也成了化学史上最重要的文献之一。而这个时候鲍林的第二个儿子彼得·杰夫列斯出生了，这对于鲍林来说是双喜临门。

但是就在鲍林将论文寄出发表前，约翰·斯莱特在《物理评论》上发表了和鲍林相似的论文，不过在鲍林仔细阅读了他的论文之后，还是发现了很多不同的地方。

因为他们似乎是在同一个时间里，对同一个问题上使用了同一个方法来解决，所以他们共享了这个领域的荣誉，后来这个理论被人称为是价键理论。

鲍林的成就是有目共睹的，所以在1931年8月，鲍林获得了A.C.朗缪尔博士提供给全国最优秀的青年化学家一千美元的奖励，而且还得到了朗缪尔的高度评价，只是很可惜贝莉没有亲眼看到自己儿子获奖。

就在鲍林教书的第四年，他不仅成了全国的名人，而且还变成了正教授，并获得了社会上的各种荣誉。他却觉得自己对什么事都很有信心，但是并不应该就这么满足现在的成就。

3. 双喜临门

1931年，爱因斯坦在帕萨迪纳逗留了几个月，其中他抽空去听了鲍林有关化学键新思想的研讨会，会后他却认为鲍林的理论很复杂。

在当时没有几个科研人员认为化学研究能在纸上完成，只有在实验室进行反复的试验才是王道，因此很多人都鄙视鲍林这样的理论家。

很多科学家对新物理都嗤之以鼻，根本没有几个人会在意化学键理论反应，但是诺伊斯和路易斯却鼓励鲍林大力宣传这一思想，也因此有大批的学生进入了这个领域。

罗伯特·马利肯是当时为数不多既通晓物理又懂化学的科学家。他曾经在化学键方面提出和鲍林完全相反的思路，并且反驳了海特勒和伦敦的理念，他认为电子在变化中会形成分子轨道。在他回芝加哥大学任教时，也把这个思想带了过去。

虽然鲍林和马利肯的理论并不相同，但是如果深一步进行推导，他们的结果都是一样的，只是看化学家在实验过程中会选择哪种更简单奏效的方法。

鲍林很自信自己的方法比马利肯的更容易让学生接受，他曾经希望可以找到突破化学键的问题，但在1931年成功修订了海特勒和伦敦的理论之后，他就放弃了这个想法。

马利肯的理论没有能像鲍林那样一举成名。他没有那么能说会道，更没有可以生花的文笔，而且在课堂上他从来都不自信。虽然在几十年后，新生代化学家更倾向于他的理论，但在当时他的思想被鲍林的风头给掩盖了。

在鲍林第一篇关于化学键的论文成功发表之后，他又在1931年6月发表了后续的论文，在文中他用量子力学解释了更多的化学键问题。其中的观点很对路易斯的脾气，他们曾在办公室的黑板上画满了示意图和公式。

鲍林在离子键和共价键的问题上很头疼，但是在他第三篇关于化学键本质的论文中，他提出不同类型的化学键之间的跳跃是非连续的，而路易斯再次支持了他的观点。

在化学键电子交换的问题上，鲍林用共振代替了这个词。他发现分子是一种混合的类型，是一种在两种极端的情况之间的共振结构。这一发现让鲍林的整个化学观有了改变，他开始意识到共振不仅可以运用到单键和双键问题上，还能够触及经典理论范围的结构。

鲍林根据这一发现写出了一系列相关的论文，也让自己的知名度大大增加。在1932年春天，鲍林以访问教授的身份在各种场合向大家推广他的新思想。其间他还希望能找到一种估算更为准确的方法。

鲍林的另一个成果在生物学上。他对遗传学很有兴趣，他希望通过染色体的定位思想，可以让自己在元素堆上有个自己的标尺。在经过详细的对比之后,他发现不同的元素有着不同的值,而且这些值可以预测很多分子化学键的强度,其中包括还没有得到明确数据的分子。

他的思想为化学键本质系统中又添加了光彩的一笔,他完成著作之后匆忙赶回家。5月31日,鲍林夫妇的第三个孩子琳达·海伦出生了。

鲍林的电负性标尺虽然还有很多不稳定性,但却得到了推广和使用。不过让人觉得遗憾的是,他曾预测氟可以和氙形成化合物,但是却没有人成功。直到30年后,这种化合物被成功合成,才轰动了全球。

之后,鲍林和他的学生又通过共振理论解开了很多有机化学中不曾被人研究的问题。在1933年,他还和杰克·谢尔曼合作了化学键本质论文的最后两篇,他们将这个思想扩展到了单键、双键和三键变异的问题上,同样取得了不错的成绩。

鲍林开始对所有的化学进行重新组合,他思路清晰,条理顺畅,他的化学键理论也成了一个时代的标志。

4. 密立根

20世纪30年代早期,鲍林开始抛弃波动方程理论,并利用自己半经验方式取得了很多成果。他觉得在化学键方面他已经了解得很透彻了。

鲍林是一个乐观主义者,也正是因为如此得到了很多报刊的肯定,他的新化学观点也逐渐被其他科学家接受。

鲍林声名鹊起,他在加州理工学院的待遇不仅被一再提高,更收到了很多名校的任职邀请,不过对鲍林来说最大的荣誉还是能够入选国家科学院,他成为建院70年历史上最年轻的院士。

在他32岁的时候,鲍林的事业可谓顺风顺水达到了顶峰,他不仅有可爱的子女而且有让人羡慕的工作，在社会上更是得到了很多人的尊重和敬仰。他开始变得开朗和幽默，不过他对那些自以为是和自己不喜欢的学者总是喜欢挖苦和嘲讽。

鲍林的春风得意，也让他在讲课风格上有了很大的突破，他开始将演讲技巧运用到课堂上去。他在芝加哥大学曾经进行过一次很精彩的研讨会，他在课堂上风趣、滔滔不绝，还有对学生的关心，让每一个人都留下了深刻的印象。

鲍林很热爱教学，他曾提倡改变对化学系新生的教学方法，还建议学生看一种在当时很少见的分子结构图，他总是想要在课堂上为学生教授更为丰富的化学知识。而他教授的学生也分为了两派，一派对他崇拜有加，一派觉得他的课程难以理解。

鲍林要求在上他的课时必须要严肃，但为了让自己看上去更成熟，他开始断断续续地留了很多年胡须。也正是因为鲍林在学术上平步青云，爱娃在帮助他整理工作时，越来越费劲，她开始将注意力转向别的方面。

爱娃开始将所有的心思放在三个孩子和丈夫身上，而鲍林则将所有时间都放在了研究科学上，在家里停留的时间并不多。爱娃觉得作为他的妻子有义务让鲍林安心工作，她承包了家里所有的家务，这完全是一个聪明女人的选择。

但是爱娃很快发现，自己并不适合单纯的家庭生活，很多方面她并不比鲍林差，她开始对政治和社会事务产生兴趣。她觉得自己不能够再和鲍林谈论科学，但是却能谈论政治。

爱娃一向都是信奉新政的，而她的言论也很快引起了鲍林的重视。在耐心听取了她的意见并听到了当时人们的抱怨后，鲍林开始由支持共和党转为支持民主党。

鲍林的政治观点并没有让加州理工学院和其他科学家所接受，大家认为科学家并不应该接触敏感的政治问题，而这一思想在校长密立根身上尤为突出。

密立根是为数不多的公开承认自己是上帝的信徒的科学家之一，他以说服别人出资捐钱为乐，他认为当前最大的问题是，要怎么才能让科学成果快速运用到人类生活各个领域中去。

他不仅让海耳在富商的支持下创建了加州理工学院，而且还投其所好让他们能够不断出资。他将加州理工学院夸成是可以创建天堂的实验室。

密立根从不向任何人保证会有什么样的成果，但是他就是有本事让大家甘愿掏钱资助。他不喜欢校长这个头衔，便建立了校董事会，让那些出资商人和教师一起来管理学校。他还利用新闻媒介的力量宣传加州理工学院。在1932年7月《财富》刊登了加州理工学院的传奇色彩，并将鲍林定位为全国最优秀的年轻化学家。

但大萧条期间，加州理工学院也没有幸免。1932年，学校的经济开始出现问题，不得不把所有的建设都停了下来，同时要求所有的老师接受减薪和减免差旅费。可鲍林此时迫切需要扩充研究队伍和场地，他严词拒绝减薪和放弃差旅费。为了讨好他，学校领导不得不自掏腰包来资助他研究，并把新的天体物理学大楼腾出部分给他做实验室。

密立根更加努力地筹集资金，但是因为大萧条带来的影响，他的工作并不是很顺利，但最终学校还是找到了一个巨大的基金来源。这笔钱不仅帮加州理工学院渡过了难关，也让鲍林的学术生涯发生了重大改变。

5. 洛克菲勒基金

约翰·洛克菲勒自从在化学工程师的帮助下，将含有大量硫的原油去除杂质，让汽油的产量翻了一倍之后，他便成了科学的坚决支持者。这个亿万富翁很想从根本上解决人们的困难，所以他在晚年建立了属于自己的基金，其中大部分资金投到了科学方面。

20世纪20年代，由威克里夫·罗兹管理的洛克菲勒慈善基金成了"科学界的中央银行"，他很偏爱加州理工学院，认为最好的研究项目是可以由极少的顶尖科学家完成的。

在慈善基金卡耐基和其他私人捐助机构推动下，很多私立的科学中心开始复苏。在第一次世界大战期间，在密立根和其他学校的决策人促成下，政府、企业和科学家三者之间结成了联盟。

而这一体系的形成对加州理工学院非常有利，尤其是约翰C.麦利安当选国家科学院新主席后，诺伊斯总能不费任何力气地从基金里申请到赞助。到了20世纪20年代末，私人慈善基金成了加州理工学院财政最主要的来源之一。

诺伊斯希望可以通过洛克菲勒基金的帮助扩充有机化学系，他很有信心这个交叉学科可以促成生物学的革命，他甚至希望可以在理工学院创建一个以研究为导向的医学院。

诺伊斯很想找到一个科学界的新星，可以以他为中心建立一支研究队伍，但是由于种种原因，这个职位一直空缺，而洛克菲勒基金却一直给学校赞助，并保证为盖茨实验室建立一个新的有机化学楼。

诺伊斯最后选中鲍林希望他可以接受自己的提议，但是鲍林的兴趣却一直都围绕着晶体结构和化学键上，他不喜欢将自己归到某一类中去。

诺伊斯认为只有鲍林有能力推动这个科研项目，而且还许诺会给他很多方便条件。1932年2月，他向两个基金同时发出申请，希望在未来五年里，可以得到他们在无机和有机物上的资助。

鲍林的提议引起了沃伦·韦弗的注意，他在几个月前开始管理自然科学方面的赞助款。而他曾在加州理工学院任职，并给密立根留下了深刻的印象。

虽然他并不精于实验室工作，但是在教学和行政上却有很好的表现。1932年，他受邀成了洛克菲勒基金会新的管理人，因为他们认定他有能力选择值得基金会拿出钱来资助的科学家。

38岁的韦弗迫不及待地接受了这份向往已久的工作。他一直很热衷生物学，并一直坚信生物学可以改变人们对生命世界的看法。当然，他并不是第一个有这种想法的人。

韦弗通过对这一思想的传播，将保守派的基金理事们打动。他们当即决定以后不再赞助与生命科学无关的研究，而这一切交给他来全权执行。

韦弗知道，这个计划的成功与否全在是不是能找到合适的人，而鲍林有关生物学的申请，让他看到了希望，他上任后的第一件事就是拨给鲍林两年的科研费用，这也意味着他们长期合作的关系正式开始。

洛克菲勒基金新的侧重点，虽然让加州理工学院很多学科都失去了赞助，但是摩尔根的遗传学和鲍林的研究却得到了他们的慷慨资助。

韦弗上任后不久就访问了加州理工学院，诺伊斯带他参观了实验楼，并详细介绍了生物有机化学的长期规划和鲍林的成就。他看见鲍林工作时的状态后，便相信鲍林完全有能力胜任这个项目。在他结束了访问之后，韦弗对鲍林赞赏有加。

不过稍微遗憾的是，鲍林并不研究生命科学。他们曾在办公室有过一次长谈，韦弗希望鲍林可以利用自己的化学思想揭开生命之谜。

但鲍林并不为所动，在韦弗第二次访问加州理工学院时，鲍林的二十几篇论文里只有三篇有关有机化学，大部分还是他感兴趣的无机晶体和量子理论问题。虽然鲍林也投其所好，表示会在晚些时候进行有机化学的研究，但韦弗却明确表示如果鲍林再这样下去，将得不到任何的资助。

1933年鲍林正式申请延长三年的赞助时，却没有因为他在显著位置提到生物分子而让理事们满意，即使在韦弗的大力支持下，最终也只得到了延长一年的赞助。韦弗在向鲍林传达这个决定时，再次重申了洛克菲勒基金会的侧重点。

虽然生物学很有趣，但是鲍林从来也不擅长这方面的研究，他不想冒险毁了自己好不容易取得的成就，他自信只要多一点时间和金钱，肯定可以发现硫化矿物结构的一般规律。

1934年初，他希望美国潘若士基金地质学会能够资助他的这项研究，但结果却遭到了拒绝，这让他很意外，并觉得这是对自己研究和人格的双重打击。他意识到了洛克菲勒基金的重要性。

鲍林在研究和其他方面都很需要钱，为了能得到洛克菲勒基金的继续支持，他不得不放弃了一部分矿物学的研究，转向了生物分子。他开始认定赞助机构可以影响科学进程。

6. 生命的秘密

虽然他在这方面起步比较晚，但还是全身心地投入到研究中去。鲍林和他的学生将共振思想运用到了重要的有机物质结构上去，一系列关于有机小分子结构的论文开始发表，其中包括了血红蛋白的一个亚层结构。

血红蛋白一直都是实验室的研究对象，它无处不在。关于它的很多奥秘都还未解开，很多科学家认为生命的秘密能在蛋白质里找到。

在20世纪30年代，并没有多少人了解蛋白质，可它却是推动生命过程中的重要环节。但是从实际上看，顺利研究蛋白质却没有那么容易，它不但复杂，而且很容易变质。可血红蛋白却能够轻易提取，而且能够通过X射线衍射分析结晶的结构。

1929年鲍林访问哈佛时，被一种名为卟啉的分子所吸引。它存在大自然的每个角落里，在一定层次上代表了具有生命普遍意义的分子生物学思想。而它是由四个串成环的吡咯组成的，也顺理成章地成为研究血红蛋白的起点。

鲍林阅读了大量有关血红蛋白的资料之后，发现分子间的交流是很难用化学理论去解释的，这一直都是科学上的一个谜。经过几个星期的思考之后，鲍林提出四个血色素最有可能的方向是平面正方形的四个角。

1935年，鲍林首次提出这个观点时，引发了各个领域科学家和专家的谈论，没有人见过这样的研究数据，这也意味着一个新思路天才诞生了，即使后来有人证明他的观点是错误的。

鲍林向韦弗表明了自己对待新研究的态度，但是他也很明确表示，自己并不是能够花短时间就可以对化合物进行详细分析的化学家，而一次一次的努力只不过是在为后人做嫁衣。

鲍林的一年资助时间马上就到期了，如果再进行非生物学的研究工作，他将彻底失去基金会的资助。但最后在韦弗的帮助下，鲍林还是很顺利地得到了延长三年的资助资金。

在拿到资助的资金后，鲍林开始尝试用别的方法去研究血红蛋白。但他还是抽空出版了一本教材，同时还发表了一篇关于不规则排列问题的论文。虽然当时这两个举动都没有太大的反响，但在30年后却取得了巨大成功。

鲍林在多次试验中发现生物学和化学是一样有趣的，他开始想要寻找新的思想。经过了一年多的研究，鲍林发现在增加氧原子后，血红蛋白分子结构会发生根本性的变化，这是之前从未被人发现过的。

1936年，鲍林发表了相关论文，这不仅让鲍林的知名度进一步提升，也意味着他开始征服专业之外的领域。

鲍林不再满足工作只是围绕血红素，他开始向蛋白质方面进行研究。他很认同埃米尔·费歇尔对于氨基酸所发表的理论，但是其中还有很多无法解释的问题。

结构依然是鲍林研究的重点，但并不是很顺利，用以前的方法很难解决蛋白质复杂的构造问题，但是英国科学家威廉·阿斯特伯却发现羊毛和其他纤维蛋白质里有晶体结构。

阿斯特伯很好地在蛋白质特性上给出了分子解释，而且他认为这些分子可以解释所有的蛋白质运动。但是从多方面证据来看，他的研究只是表明了有这种可能性，在将其固定的力量上依然还是一个解不开的谜。

很多科学家都在关注蛋白质的结构，只是他们选择的种类不同，可结果却一样陷入了困境。直到20世纪30年代末期，另一组科研小组才提出所有球蛋白都是具有规则的结构，而且都非常复杂。

韦弗在20世纪30年代中期赞助了三个研究小组，前两个是英国科学家带领的，他们要通过X射线衍射分析蛋白质结构，而鲍林寻求的却是理论方式。唯一不同的就是，前者通过研究得到了很多实际数据，但鲍林却没有发表过任何相关论文。

鲍林知道要想进行进一步试验必须要借助外界的帮助。而洛克菲勒医学研究院的两名科学家不仅让鲍林佩服，他们的技能更让鲍林心动。拜访了阿尔弗雷德·莫斯基之后，他立刻向院长要求借用此人，并要求他们支付所有费用。虽然院长觉得这个要求好笑，但最终还是答应了他。

鲍林对他们的变性化学含义很感兴趣，根据他们给出的数据，鲍林用化学键理论给出了自己的解释，他也很快意识到氢键是破解所有蛋白质能量的关键，两人根据鲍林初步给出的思路发表了相关论文。

这篇论文在《国家科学院学报》上发表，很快被大家所接受并认可。虽然鲍林给出的解释还是受到了质疑，但却向韦弗曾提出的"巨大的蛋白质问题"又迈进一大步。

然而，在论文被送达到编辑部之后的两天，鲍林的生活却发生了一场巨变。

第五章 名利和地位

在面对名利和地位即将付之东流时，总会让人迷失心智。

——鲍林

1. 利欲熏心

因为诺伊斯的健康状况越来越差，在19世纪90年代早期他开始将所有的注意力都放在完善学院上，他不是一个善于争夺的人，虽然在学校里化学系的增长速度一直都落后于物理学，但是每年的研究经费却让他很满足。

对于其他人来说，诺伊斯的做法并没有错，但只有鲍林对此感到不满。诺伊斯为了讨好鲍林，不停地满足他提出的各种要求，但是密立根却很不满意鲍林的做法，他只想如果是在物理系，他绝对不会让这种事发生。

诺伊斯的付出是值得的，鲍林是他一手提拔的，鲍林也很努力，他在化学上做出的成就是没办法否定的。但他也知道为了留住鲍林不仅要给他钱，还要给他权力。很快鲍林成了加州理工学院化学和化学工程系的系主任。

这个决定让很多人吃惊。但是诺伊斯需要的是一个更有前途的人来任职，而且那些老教授都只满足在教学上，鲍林的才能足够领导整个化学系，诺伊斯认定鲍林是他的接班人。

后来，鲍林的种种都让诺伊斯把交班的想法推迟了，他想要的不是具有独立思维的学者，而是合作公司的式管理模式。鲍林手下的学生对此却乐此不疲，但是其他教授却开始多了抱怨。

鲍林在自己的实验室里施行富有侵略性的管理风格，很多老教授都不喜欢他的个性，更多的是来自嫉妒，不过鲍林根本没有时间去平复大家的心情，他把所有的时间都放在了研究工作上。

诺伊斯对于鲍林的强横感到烦恼，而鲍林越成功他的强势就越明显，但是鲍林在工作上的表现却又很出众。1935年诺伊斯被诊断出得了癌症，他开始离开学校去散心，虽然他尽量隐瞒自己的病情，但学校里还是传开了。

但鲍林却希望抓住这次机会能够取代诺伊斯，可是没有人给他满意的答复，即使是继任系主任的时间表。他决定利用其他大学发出的邀请，找密立根去讨论一下自己的处境。可是密立根却很反感这个自负的年轻人，当他知道鲍林此行的真正目的之后，立刻把他轰了出去。

鲍林对此感到很意外，但是他不甘心早就定好的事情发生变动。他老调重弹给诺伊斯写去了一份辞职信。当诺伊斯收到信之后知道自己不能再躲避下去，他立即召开了紧急会议。

在会上，大家都希望托尔曼可以代替诺伊斯，但他本人却并不想失去鲍林。最后他们决定鲍林将成为名义上的系主任，而托尔曼将成为加州理工学院执行委员会的代表。

在这个计划实施时，鲍林发现自己将接任的不过是诺伊斯的虚职。他开始给哈佛写信希望可以到那边去，可在综合了各种因素之后，鲍林的要求遭到了拒绝。

鲍林的自尊心受到了双重打击，他开始接受诺伊斯创建生物有机化学研究院的建议，在韦弗再次访问加州理工学院的时候，他很高兴看到鲍林在蛋白质方面的研究，诺伊斯的计划让韦弗很兴奋。

诺伊斯急迫希望在有生之年可以促成这件事，他让鲍林全权负责，但鲍林却摆起了架子，他不想让一个将死之人缚住自己的手脚，他开始挑拨韦弗和诺伊斯之间的关系。鲍林并没有等太久，1936年，诺伊斯过世的消息传遍了整个校园。这也标志着一个时代的结束。

诺伊斯的离开让浪漫的生活方式不再存在，他曾用心在系里调解的关系也崩塌了。老师们开始一起大力抨击鲍林的自私和自负，在诺伊斯的葬礼上荣誉扶棺者唯独少了鲍林，他质问密立根的时候，密立根表示并不知情。

紧接着鲍林再次受到了侮辱，在托尔曼拒绝了系主任职位后才轮到鲍林，但是鲍林也很愤怒地拒绝了，他不仅想要系主任的头衔还想出任盖茨实验室主任。在他匆匆给密立根写了封信之后，就带着全家去度假了。

密立根本以为鲍林会在诺伊斯之后收敛，但是却更加严重，他决定拒绝给鲍林任何答复。直到1937年新年过去，化学系依然没有系主任。但韦弗却等不了了，他需要鲍林在加州理工学院实现自己的计划。

他本来希望可以从中调解这件事，但事实比他想象得更加严重。密立根亲自管理了生物有机化学资金，而鲍林则抱怨自己没有受到公平对待，他迫切希望得到系主任的头衔和增加工资。

韦弗虽然觉得鲍林说的话有道理，但还是严厉批评了鲍林在拒绝信里的生硬和霸道。教训完鲍林之后，他向密立根说出了自己的担忧，希望可以得到他的谅解。韦弗回到了纽约之后，鲍林写信告诉了他好消息，鲍林终于如愿以偿。

在大家的质疑中，鲍林开始履行自己的责任，后来大家发现他确实很有实力，很多教授开始喜欢他的办事方法，以前大家担心的事都没有出现，至少表面是这样的。

但托尔曼始终对鲍林客客气气的，而唐·尤斯特一直到退休都对鲍林保持着敌意。而让鲍林骄傲的是化学系在自己的领导下进一步壮大了，而他在加州理工学院的教学方式不仅让人兴奋还充满了乐趣。

爱娃开始更加注重鲍林的仪表，而他也靠着自己的努力得到了他想要的一切，他一直洋溢着喜悦，甚至在他走路的姿势上都有所表现。

2. 科学怪杰

在等待系主任职位的时候，鲍林不仅完成了大量有关生物化学的论文，而且还出版了自己的教科书。

不过他首要的目标还是要解决蛋白质的结构问题，但是通过在几个层次上的探索，他虽然推翻了阿斯特伯的观点，但一直没有找到正确的答案。

鲍林一直想找到适合自己的方法去解释这个问题，但最后还是决定放弃了。鲍林希望可以找到一位有远见而且很有技巧的助手，但是他却不知道在哪儿能找到合适的人选。

罗伯特·科里的出现让鲍林看到了希望，1937年科里带着从威科夫那里得到的仪器和推荐信来到了鲍林的实验室。虽然他的性格比较腼腆，但是他对X射线晶体学的了解却让鲍林很惊喜。他们开始了一段长期的卓有成效的合作。

科里来到学校之后，鲍林夫妇到康奈尔大学开始了长达4个月的访问。这是爱娃十年来第一次和丈夫单独在一起这么久，他们很享受这段时间。

鲍林开始着手将自己有关化学键所有的思想写成书，经过了初稿和扩充之后，1939年这本书一经出版就成了经典。而在这本书出版之前，很少有人注意到神秘的晶体学，现在没有人敢忽视它的价值。

这本书采用了通俗的方式，很多大学教授写信给鲍林，表达他们的激动之情，而路易斯也表达了他对这本书的喜爱。在30年间，这本书被翻译成多国语言，也成为科学史上被引用最多的参考书之一。

1939年，只有一个人对鲍林在书中的态度提出了批评，他说鲍林就像是教皇，而他本人也不介意成为教皇莱纳斯二世。

1938年，鲍林从康纳尔回到学校，发现了科里在氨基酸结构上取得了惊人的进展，他同意科里继续他的研究工作。科里也很努力，他前后发表的两篇论文都成了蛋白质结构理论发展的里程碑。

在加州理工学院度过的二十多年里，科里成了鲍林最得力的助手。他们迥异的性格也促成他们在合作的科学理论上得到了巨大成功。他们的合作是完美的。

1938年5月6日，鲍林将诺伊斯生前的愿望变成了现实，参加捐献仪式的人有很多高级领导还有很多有钱人。鲍林的讲话很简短，却把重点都概括了出来，而捐助者也讲述了自己的希望。最后他们把仪器搬进了新的实验室。

克莱林实验室的建成让鲍林巩固了领导地位，这里的实验室拥有最先进的设备和优秀人才。而鲍林夫妇也因此在离校园不远的地方选择了一栋大房子，虽然里面的装修很费钱，但是鲍林根本不担心。

实验室建成之后，鲍林和韦弗开始招募顶级有机化学家参与，但是鲍林总是对招募来的科学家不满意，最后不得不去欧洲招贤。

经过了层层的考核和掂量，匈牙利科学家拉思罗·择希迈斯引起了鲍林的兴趣。

在青年学者招聘方面，鲍林也选择了三个在不同方面有成就的化学家。在他担任系主任的一年来，他用自己的领导才能让加州理工学院成了独一无二的科学王国，但是没有人称他为国王，更多人愿意称他为怪杰。

3. 就是恶霸

除了鲍林，还有一位科学家也曾用理论方法研究蛋白质分子结构，并且她认为自己已经解决了所有问题。这个人就是萝西·林奇。

萝西·林奇是个很有个性的女理学博士，她很早就意识到数学和逻辑学直接影响科学进步，但是她从来与重大的科学发现都无缘。在20世纪30年代初期，她到欧洲各地的实验室去见习，加入了一个理论生物学组织。

而这个组织的成就也引起了韦弗的注意，尤其是林奇在染色体收缩上的论文，让他决定慷慨地给了她五年的研究资金。1936年，林奇提出了一个全新而怪异的蛋白质结构，虽然这种理论并没有得到证实，但是越来越多的人却开始接受她的理论。

林奇痴迷于自己的研究，并希望更多的研究所能够在这方面通过她的理论得以进一步证实，她开始在公开场合阐述自己的观点，而报纸也开始对她进行大量报道，更有人称她为"女爱因斯坦"。

但她的理论还是受到了分子结构领域学者的诸多质疑，毕竟她是数学家不是化学家，而无论林奇怎么争辩都无济于事。在蛋白质学者的小型圈子里开始分化为两派。

林奇很希望可以说服鲍林，他们互相交换论文，鲍林对于林奇的理论始终保持着怀疑态度，这也致使韦弗对她产生了怀疑。

在科学界里对于林奇的评价褒贬不一，让韦弗很难取舍。而林奇却希望可以通过鲍林的帮助来证明自己的观点。1938年他们在康奈尔大学第一次见面。

鲍林在见面前就已经通过各方面的研究认定林奇的理论太过追求形式对称，并没有运用实际的化学理念。在两天的见面中，鲍林也从和林奇的交谈中肯定了自己的看法。

鲍林否定了林奇的理论，认为她的理论不仅不充分而且太过肤浅，但唯一值得肯定的是，这次见面让鲍林重新获得了研究蛋白质问题的力量。

林奇因为这次见面而失去了洛克菲勒基金的赞助，回国之后又遭到了各方面的批评和质疑，但她一直不甘心，在经过了长时间的摸索和试验之后，她终于找到了可以证明自己理论的证据。其他科学家经过论证之后终于接受了她的理论，林奇开始大量发表论文。

而鲍林的研究却显得很缓慢，但是他坚持自己的观点是正确的，根本不在乎林奇的理论是不是拥有了证据。在英国有很多人对林奇加紧了攻击，认为她的理论始终是错误的，这让林奇很气愤。

朗缪尔一直支持林奇的理论，这让鲍林觉得很难过，他坚决要给予还击。1939年初，鲍林发表了言辞最为激烈的论文，认为林奇的理论是荒诞可笑的。并且他提出了自己的思想，但他的论文并没有新意，只是想竭力证明环醇结构是不正确的。

但可惜的是，因为林奇在英国受到的伤害，她决定放弃对蛋白质的研究。无疑鲍林的论文发表得不是时候。但林奇为了保住自己的颜面，还是和鲍林在蛋白质结构上进行了公开论战。

他们双方的言辞都比较犀利，每个读过双方公开论战文章的人都表示他们被吓坏了。在此期间林奇发现了鲍林在进行计算中出现的错误，希望可以得到鲍林的重视，但鲍林却不以为然。

林奇后来在与大卫·哈克合作时，提出了一种不用共振理论来研究化学键的新方法，这无疑是对鲍林最基础的科学手段提出的挑战。

鲍林写信指责哈克的行为没有道义，而且他应该干好自己的本职工作。他还写信给报社希望他们在刊登时要三思。而哈克却很憎恶鲍林耀武扬威的样子，他坚决支持林奇的理论。

虽然林奇一直在验证自己的理论，但最终还是遭到了洛克菲勒基金会的拒绝。这让林奇默默无闻地度过了下半生。但经过林奇的传播，鲍林也在公众中产生了恶霸的形象，这一事件也让韦弗对鲍林产生了很大的意见。

林奇知道只是因为她是女性，所以才遭到了歧视。不过这件事的发生也揭示了鲍林性格的阴暗，他们双方的理论依据都不充分，但鲍林却以不容置疑的口吻结束了这场争论。

这场论战让鲍林获得了新的权力，他成为化学界权力结构中的主角。在越来越多的荣誉面前，鲍林性格里那些不好的因素开始慢慢发展起来。

和林奇的论战让鲍林坚定了自己的信念。1936年，鲍林在纽约意外认识了卡尔·兰德施泰纳。他在血红蛋白上的研究刚好帮助鲍林解释了一些观察得出来的结果。

不过到目前为止，并没有人了解兰德施泰纳试验中得出的分子特异性，他希望可以有人解答出他在试验过程中的一些疑问。

鲍林对于那些问题一窍不通，但是他却很喜欢兰德施泰纳，很希望可以从他的研究中得到自己想要的东西。通读了他在免疫学方面的书后，鲍林认定他是和自己一样的思想家。

兰德施泰纳曾促使免疫系统研究成为一门独立的化学学科，他所做出来的贡献至今还无人能超越。但是鲍林知道开拓免疫学领域的时机到了。

鲍林在回到加州理工学院之后开始抽出一部分时间进行免疫学的研究。而他和莫斯基的变性理论也在进行最后的试验。他的变性理论得到了很多有力的证明。而随着诺伊斯的去世，鲍林再没有更多时间去研究免疫学。

1937年11月，鲍林去康奈尔大学讲学时，又再次遇到了兰德施泰纳，他们相聊甚欢，他希望可以到加州理工学院大学去任教，但最后却遭到了密立根的反对。因为种种事情的发生，鲍林对进入一个新领域开始有了犹豫。

但在1939年，兰德施泰纳在《科学》发表的文章中的观点和鲍林不谋而合，鲍林开始为了自己的理论发表进行努力。他希望可以超越其他人在免疫学上已取得的成就。

经过了很多详细繁琐的试验论证之后，鲍林开始发现他和兰德施泰纳在免疫学上有很多不同的观点，他决定暂时不发表自己的论文，他需要的是一举成功而不是再次遭到质疑。

鲍林开始着手在实验室里制造人工抗体，他对自己的理论并没有多少信心，只是在一次科学会议上阐述了自己的论文手稿，不过大家都只是抱着谨慎乐观的态度。

1940年6月，鲍林再也不想一直等下去，他将自己有关抗体的论文送到了《美国化学学会学报》，这个理论在很短的时间就得到了其他人的认同，并取代了以前的模板理论。而且他收到的有关请求复印他论文的信函的数量，超过以往任何论文。

越来越多的成就促使他对免疫学的热情日渐高涨，他一再申请资金来完成对人工抗体的制造，这些钱不但用来添置更多新的设备，还让鲍林能够一直雇佣坎尔贝。

在韦弗接触的科学家中，只有一个人对鲍林的所作所为提出了质疑，希望他不要重蹈林奇的覆辙。

第六章 有序的世界

> 人类世界和分子世界是一样的,同样可以被认知和分化。
>
> ——鲍林

1. 意外生病

20世纪30年代末,因为纳粹的出现,鲍林收到了很多绝望的德国学者的来信,阿尔伯特·勋弗利斯因为有劳厄推荐,得到了鲍林的特别对待,但事情进行得并不是很顺利。到了1939年,鲍林彻底和勋弗利斯失去了联系。

纳粹行为伤了很多德国科学家的心,他们不得不来到美国,接受非犹太科学家的帮助。到了后期,开始有越来越多的美国人希望可以制止希特勒的残暴行径。

鲍林对此也很担忧,但是从传统上来看科学家在政治上并没有什么实际权力,许多科学家在这个问题上都保持沉默。但到了1939年,因为一位英国科学家在《科学的社会作用》中强烈指责了科学家们对待政治的态度,让鲍林有所触动。

在爱娃的带动下,鲍林开始向政治科学迈进,他认为科学家完全有能力利用自己掌握的技巧来解决各种问题。1940年,鲍林开始了人生第一次政治演讲。

他相信世界是有序的,而希特勒的行为破坏了这种秩序。他将自己萌发的政治思想和科学观点相结合,认为必须马上采取行动制止希特勒。

鲍林虽然在当年支持罗斯福的选举中的出色表现得到了很多人的肯定,但是他最关心的还是即将到来的战争。他希望美国可以通过战争而不是中立态度来对待法西斯主义。在1941年,美国将设立的国家防卫研究委员会和医学研究委员会进行合并，这也成为美国政府和科学界合作的新纪元。

1940年鲍林曾参加了国防部举行的战争需求讨论会，会上军官提出了他们对武器的要求，尤其是在潜艇上。鲍林在回程的时候想要设计一个氧气测量仪，但有很多问题还解决不了。最后在阿基米德原理和同事的帮助下，终于制造出了第一台鲍林氧气测量仪。鲍林曾担心仪器并没有什么用途，但是在军官们看到仪器奏效之后，他开始大批量进行生产。

但在这个发明上真正挣钱的是仪器制造专家阿诺德·贝克曼。他设计了世界最小的玻璃吹制机，并将其运用到很多不同的方面。在20世纪50年代中期他以高达100万美元的价格出售了他的公司。

鲍林过完40岁生日之后，获得了美国化学界的最高荣誉。在颁奖仪式上，鲍林的很多朋友都上台肯定了他的成就。

大家都很期待鲍林的发言，但是轮到他的时候，他只是做了简短的总结，就匆匆离开了。即使是在第二天晚宴上，鲍林仍然显得很疲惫，而且在几个星期里他的体重增长了20磅，但在心脏病专家诊断时，并没有发现任何异样，医生建议他做一个全面检查。

在医生经过了详细的检查之后，鲍林被确诊为肾脏有很严重的布赖特症，医生让鲍林取消了剩下的所有讲演，回家去，他们会找个合适的专家帮他治疗。

鲍林虽然表现得很平静，但是他心里却很害怕。回到家之后他一边等候医生的建议，一边完成了新的申请。他在有关肾病的资料里没有找到治愈的成功案例。

鲍林需要希望，托马斯·阿迪斯也给了他希望。经过他系统的检查之后，他告诉鲍林减少蛋白质的摄入量有助于他恢复健康。鲍林虽然在有关方面得知他的观点并没有得到其他人的认同，但是至少他还在一直不懈地为了治愈而努力。

在经过两个多星期的治疗之后，鲍林被通知可以回家了，不过还是需要按时回来复诊。阿迪斯教给爱娃一套食物疗法，这也让她有了一个新的挑战。

十个月之后，鲍林彻底恢复了健康，这不仅让家里人感到很高兴，也让他成了阿迪斯的忠实信徒，之后更帮助他成了国家科学院院士。而对于鲍林的同事，他的康复是种奇迹。

1941年9月，鲍林开始慢慢恢复了自己正常的工作，并且接受了荣誉化学博士的称号。他在重新投入到科研项目的同时，也开始计划将备课记录编辑成教材。但之后因为日本袭击珍珠港事件，他的很多科研项目都被搁置。

2. 战争里的科学

美国在1941年12月7日正式加入了战争，很多科学家也从各自的研究中转向了防毒面罩的制作。

而加州理工学院也因这次战争得到了大笔的金钱。联邦政府拨了大笔的资金让查理·劳利森在学院里进行火箭推进试验。加州理工学院在当时不可避免地成了军械局的一个分部。

火箭推进剂的问题让劳利森很头疼，但却引起了鲍林的兴趣。鲍林开始进入国防研究委员会的炸药部工作，在经过了谨慎的研究和对其他工厂的研究后，鲍林创造出了新的色谱法。

1942年春天，鲍林开始研究出改进火箭炸药的稳定性，并申请了专利。但是爱娃还是希望鲍林可以多休息，可鲍林对于研究的狂热根本是任何人都阻止不了的。

火药的项目取代了鲍林进行的所有项目，但奥本海默的到来，却给他带来了为战争做更多贡献的机会。他邀请鲍林去参加核裂变炸弹的研究，但是鲍林总是用种种原因拒绝了他。

在战争初期，为了让更多伤员在第一时间得到救助，鲍林开始组织研究人造血浆，虽然他创造的动物胶化法得到了广泛的宣传，但因为它自身带来的不安因素，政府拒绝批准他的这个方法，而且越来越多的志愿者愿意献出自己的血浆。

到了1943年，鲍林的化学和化学工程完全大变样，他们得到的资助大部分都流向了战争研究项目，而他的学生也都上了战场，有机化学的很多项目也被迫停了下来。

但是鲍林的免疫学研究因为可以为战争提供直接作用，而没有被停止。在鲍林对这个领域越来越感兴趣时，他的付出终于得到了回报，坎贝尔成功制造出了人造抗体。

但事实上，他的试验有很多不确定因素，并没有鲍林想象得那么完美，不过鲍林认为这一切可以用合成技巧不完善来解释。他迫不及待地申请了专利，并在1942年3月发表了一份新闻稿，称他的实验室成功研制出了人工抗体。

鲍林的新成果虽然没有先发表在国家刊物上，但却得到了他想要的结果。很多人都看中了人造抗体的价值，想要和鲍林签订出售协议，但鲍林却想得到没有附加条件的赞助。在他的游说下，韦弗最终答应为他的研究提供大量的经费。

虽然得到了很多肯定，但是科学界却一直保持缄默，甚至越来越多的人开始怀疑他的成果，但鲍林却一直坚信自己的正确。

在1943年初，弗兰克·布莱尔·汉森开始介入到自然科学经费的职责中去，他对于鲍林的研究一直保持怀疑的态度，在征求了一些科学界的权威之后，他坚持消减了鲍林的资助经费。

多次失败的研究已经证明了一切，但是鲍林始终坚信自己的观点是正确的。虽然一再有人提出质疑，但是却没有敢正面向鲍林表示异议。只有一些熟悉内情的人知道鲍林在这个研究上有夸大的嫌疑。

鲍林始终不明白，为什么这种抗体只能在坎贝尔的烧杯里制造出来，但坎贝尔心里最清楚，他为了讨好鲍林，曾在实验过程中动过手脚。

鲍林放弃了这一研究之后，转向其他的免疫学研究领域，都得出了实在的研究成果，尤其是在分子结构上，他和同事经过长期的研究之后终于发现分子结构是可以决定生物特异性的。

这一成果，不仅洗刷了他曾在人造抗体上的失败而且再次巩固了他在免疫学领域的领先地位。而他的理论也得到了曾批评他的那些科学家的肯定。

爱娃也开始为了战争忙碌着，但她没忘记自己在家里的身份，每次当山下的爆破声和空袭警报响起的时候，她都会在孩子们身边，尽量安慰他们。

小莱纳斯只有16岁，他一直生活在父亲的影响下，他不知道怎么做才能让父母满意，虽然他很想听父亲的话从事科学，但是他知道自己的实力，最终他选择了学医，并在18岁时参军离开了家。

彼得也让鲍林夫妇很操心，他很早就被送到寄宿学校，但是明明是聪慧的孩子，成绩却一直比较落后。但他们将儿子转到了一所公立初级学校后，他却能轻而易举地拿到全A。

虽然鲍林很疼爱小女儿和儿子，但因为工作他们夫妻总是外出不在家，这样孩子们显得很寂寞甚至有点儿孤僻。而他的秘书一直把三个最小的孩子当成自己的孩子照看，琳达很喜欢她。

虽然鲍林很想做个好父亲，但是他的性格常常让孩子们惧怕他。在他心里没有人可以和科学相提并论。

3. 多方面发展

毕竟政治不是鲍林的主业，在他肯定盟军会胜利之后，他开始把精力又重新投回到热爱的科研项目中去。

虽然加州理工学院的科研在战后科学的发展上占有很重要的意义，但鲍林却并不喜欢这种研究。他对于自己领导的由50名优秀化学家组成的小组很满意，他们取得的成就也令人惊喜。1943年底，鲍林向韦弗重新提出了要研究蛋白质结构的想法。

但汉森对于鲍林的提议却满不在乎，一直都持拖延的态度。可鲍林却一直想要游说他。直到1944年9月份，韦弗重新负责洛克菲勒基金会自然科学部的工作，鲍林再次向他提出了申请。

虽然他申请的资金不是小数目，但是韦弗对他建立的项目很感兴趣，但因为考虑到加州并非实力雄厚，再加上鲍林曾在人工抗体上的失败，这次他再也不敢轻易点头。

韦弗一边婉言拒绝，一边向其他科学家证实鲍林观点的可实施性。虽然加州理工学院并不是从事蛋白质研究的强校，但是鲍林的研究计划还是得到了权威人士的肯定。

听到肯定意见之后，韦弗开始对鲍林热情起来，但是一切还要等到真正的胜利到来之后才行。

1945年8月7日，当鲍林看到日本遭原子弹重创的消息之后非常震惊。而在原子弹毁灭了长崎之后，日本彻底投降。这也意味着鲍林的研究项目马上就能启动。

当鲍林出现在韦弗的办公室时，他提出了更高的经费要求，但依然打动不了韦弗。鲍林知道想要成功，就必须要先将已出现运作困难的生物系和化学系紧密联系起来。

密立根已经80岁了，他的一些旧思想和做法让他变成了令人讨厌的人。1945年夏天，他被迫下台，鲍林对此很高兴。鲍林开始进入学校领导高层，并因为他出色的表现，得到了其他人的肯定，他开始为了计划，将自己的人安插到生物系去。

鲍林认为乔奇·比德尔是最佳人选，他们有着相同的理念和思想，而且他的很多研究成果都是走在其他科学家的前列。比德尔是个多方面人才，但是鲍林看中的是他在研究生物学上的方法。

1945年，鲍林为了能请他到学院任教，游说斯托特范辞去生物系主任的头衔，并亲自到他办公室去进行友好商谈。鲍林将自己的宏伟计划告诉他，并表示只有比德尔这样优秀的专家才能做好管理生物系的工作。

两个星期之后，比德尔接受了生物系主任的头衔。1945年底，鲍林交给了韦弗一份长达25页的署着他和比德尔签名的申请报告。

报告中不仅有对资金的分配情况，还有对生物学的美好憧憬。这是韦弗见到过的最大一笔申请。但是在比德尔见过韦弗之后，他们知道肯定能得到洛克菲勒基金会的支持。在等待期间，他们还积极地向社会其他团体筹集小额经费。

虽然基金会对于是否支付这笔大额经费举棋不定，但经过了战争和大萧条的影响，基金会的资助目标已经从生命科学转移到了其他地方。最终他们只同意分7年向鲍林他们支付70万美元。

这些钱和鲍林梦想的数字差太远，但是通过他和比德尔的亲密合作，加州理工学院已然成为全美国分子生物学的摇篮。

鲍林和比德尔的关系就像免疫学里面的分子互补性，这也是鲍林在今后几年研究的重点。鲍林意识到，研究抗体的主要成果就是为了显示出分子和生物特异性之间的关系。

1945年，鲍林详细撰写了特异性化学的内容，虽然这本书并没有引起多少反响，却对读过这本书的青年科学家产生了巨大影响。鲍林的思想不仅符合曾经提出的观点，而且在某种程度上也超出了免疫学的适用范围。

1944年，薛定谔的《生命是什么？》一经出版就备受关注，但是鲍林却以为这本书是"猪食"，他的观点不仅模糊不清和肤浅，而且根本就不会有人发现其中的差异。鲍林坚持认为，生命过程就是分子的特异性，是完全可以用化学原理解释的。

当薛定谔还在热衷自己的理论时，鲍林却在果酱中得到了启示，因为它很好地充当了解释分子互补性的证据。鲍林认为没有必要补充新的定律，他完全可以利用自己的概念和理论，将整个宇宙统一联系起来。

1945年以后，鲍林选中酶作为新的研究对象，它的反应速度在特定的环境下没办法用普通化学定律来解释。鲍林认为酶是具有互补性的结构，但却一直找不到和它进行互补的物质。

在经过了长时间的研究后，鲍林发现酶的作用机制和抗体理论是完全一致的，因此他提出味觉和嗅觉在特定位置也是在互补性中匹配产生的，当然也包括行为性病毒。

鲍林在之后的研究中开始对基因进行了大量的试验研究，最后他明确指出，基因很有可能就是具有双螺旋的结构。

鲍林在分子生物学的结构理论上奠定了基础，他开始将目光转向医学。在一次医学专家小组聚会上，鲍林被医生口中的镰状细胞贫血症所吸引，他希望可以回到帕萨迪纳用化学结构的方法进行血红蛋白和镰状细胞的对比，但是医生们给不出有关化学的相关资料。

也许是因为之前他的身体出了状况，所以医学问题在他脑海里一直占有突出的位置，鲍林坚信自己的互补性理论可以解释所有的生物特异性，他的观点在当时也起到了很深刻的作用。

但是没有多少人能够理解他的理论，只有少部分学者能听得懂他跨多学科的报告。而且他讲的东西都是没有经过任何验证的，他自己也知道这一点，所以他从来都是在口头上报告却不写成论文。

在这之后，鲍林开始努力寻找人员开展镰状细胞血红蛋白的研究，他一直都坚信自己走的道路是正确的。

4. 科学英雄

战争结束后，德国和欧洲的科学界开始停滞不前，但美国的科学家却因为在战争中发明的武器，被人们称作是民族英雄，受到了全国人民的关注。

战争一直在持续，鲍林原本只在意科学上的事，但是爱娃却很关心政治，在看到美国政府对日本籍公民做出来的种种恶行后，反应很激烈。时间一长，鲍林也认同了爱娃对于美国政策的指责。

爱娃开始为了反拘留运动而努力，但是没有一点儿起色。而鲍林在遭遇为一个日籍研究生寻求一份工作的困难后，才明白事情没有他想的那么简单。

鲍林判断一个人的能力，并不在肤色上。他的注意力一直放在科学上，只有爱娃在为美国公民自由协会积极工作。但他们没有想到的是，仅仅因为曾让一个日籍美国人在家里干了几天活，就遭到了报复。

鲍林看完被破坏的现场后，马上报警并给新闻媒体打电话，鲍林称这是一次纳粹行为。因而他们开始接连不断地收到恐吓电话和信件，爱娃将此事反映给了当地治安官员，希望可以得到保护，可是没有被同意。

最后在律师的压力下，他们开始在爱娃家附近安排岗哨，联邦调查局也派人来询问细节，但是两周之后，他们停止了所有的行动，对于恐吓事件一无所获。

这件事让鲍林对美国政府很失望，同时开始意识到爱娃的政治活动更有利于发展。这是对鲍林思想的一次激化，现在只是刚开始。

在5个月之后的原子弹事件中，鲍林开始对它感兴趣，经过政府有关方面的报告，他发现原子弹理论相当简单。当他应邀参加扶轮社午餐会有关原子弹的科普讲座时，他只用一个挖空的木球就解释出什么是原子弹。

而他对原子弹的理论讲解给出席讲座的每个人留下了深刻印象，也让他开始到处游学去做原子能报告，他成为当时最受欢迎的演讲者之一。

但不久之后鲍林对原子弹技术方面的兴趣开始被其他东西代替。很多地方有关原子弹研究的实验室都表示，原子弹虽然威力无穷却也是拥有巨大的破坏力。鲍林开始越来越清楚，一个科学家在新的原子能时代，需要做些什么。

全国各地的科学家开始组成小组，讨论怎么控制原子弹这种武器，而最终达成的共识是应该建立一个民主的世界政府。科学家们这次在政治上和原子弹的态度难得保持了一致。

科学家们开始为了让公众知道原子弹的危害而做出积极努力，他们希望通过传播自己的思想改造世界，但是他们不知道这一切都完全脱离了当时的政治现实。

1945年，《梅·约翰法案》和麦克马洪的法案进入科学家的视野，科学家也因此分为了两个法案的拥护者，大家各执一词，始终都没有一个比较成熟的意见来决定到底哪个法案更合适。

最后经过多方人士的努力，国会最终通过了麦克马洪的法案。鲍林他们认为这一胜利是理智的，和平时期军方并不能主宰一切，美国开始商议和苏联及其他国家共享原子秘密，但是这种趋势并没有保持太久。

5. 严厉抨击

其他科学家在法案通过之后，开始重新投入到自己的工作中去，只有鲍林还在进行政治活动，他继续到各地去做报告，但是爱娃却发现他在做报告时并没有什么自信，并没有自己的观点在其中。

鲍林总是很听爱娃的话，在他详细研究过有关政治方面的书籍后，他发现原子能政治学比他之前涉及的任何一个领域都简单。几个月过去了，他表示可以报告自己的研究成果了。

鲍林最早受邀的是一个在外界争议很大的政治行动组织，而且自己的演讲也受到了欢迎，但因为在大胆估算美国武库到底有多少颗原子弹时，被记者做了错误的解释，而且这一切都让军方非常不高兴。

鲍林夫妇后来参加了这个团体，并因此认识了很多名流。鲍林对于原子科学家联合会并不上心，但却把大部分的精力放到了这个独立委员会上，很快他成了这个组织的全国董事会成员。

爱娃对此津津乐道，但鲍林却因为这个团体对科学都没有什么兴趣，而逐渐冷淡下来。

1946年10月的某一天，鲍林参加了原子科学家紧急委员会，但却因为日后的工作忙碌，他并没有参加过这个委员会的会议，他只是偶尔作为委员会的代表到西海岸去演讲。

鲍林很看重和爱因斯坦谈话的机会，他觉得爱因斯坦是最伟大的科学家、思想家，也正是因为他在加入这个委员会之前看到，爱因斯坦在《纽约时代》发表的关于原子弹方面的讲话，而下定决心参加的。

他们总是谈论各方面的事情，而且爱因斯坦很有亲和力，他从更广的方面解读了原子弹带给世界的压力。很多科学家在谈论原子弹政策的时候，都避重就轻，而爱因斯坦却并没有受到任何的束缚。

爱因斯坦喜欢直抒心声，而鲍林也开始将他作为自己的榜样。

美国政府在看到原子能的巨大好处后，开始大力支持科学研究，甚至是曾经不被允许的项目也开始重新资助。

在杜鲁门接任总统后，他要求布什提交一份有关战后科研发展的计划报告。在布什召开各种专家会议之后，认为只有让科学家自己去支配大额的经费，才能让科学无尽地发展。很多人持反对意见，但鲍林却很支持布什，并在他提交了议会立案后，参与组织声援集会和写支持信运动。

曾经鲍林的化学键理论并没有多少人懂，但现在很多人都能跟上他的步伐，这也巩固了他在科学界的地位。1947年，鲍林《普通化学》出版，这本书不仅成为化学史上一个里程碑，而且推动了大学化学课程的改革。

就在鲍林开始功成名就的时候，迪金森、路易斯和托尔曼相继去世。爱娃希望鲍林可以争取校长的职务，但是鲍林并不喜欢，最后这一职务被杜里奇接任。

鲍林开始外出接受各种各样的奖励，很多科学家开始明白，因为他的关系，自己的地位和待遇都在不断地提升。

其中戴维勋章对鲍林来说意义很大，这代表着他在国内甚至是国际上都被认可。而牛津大学请他去做一年的讲学，更让他兴奋不已。虽然他因此放弃了美国科学院院长的竞选，他并不在乎这个职务，但获得提名的事再次证明了他在化学界的地位。

鲍林通过自己的努力成了全美乃至全世界最出名和最受人尊重的化学家之一，1947年12月底，他以绝对的优势当选美国化学学会主席。只有其中一小部分人因为不喜欢他的政治观点而投了反对票。

第七章 压力下的艰难岁月

> 即使是再艰难，都不能为了自己而出卖和平使者。
>
> ——鲍林

1. 英国之行

　　第二年夏天，鲍林夫妇去了英国和斯堪的纳维亚进行两个访问。鲍林不仅接受了剑桥大学对自己学位的授予仪式，而且还度过了一个非常愉快的假期。

　　孩子们听说冬天父母会带着他们一起去英国很高兴。最让鲍林开心的是大儿子和洛克菲勒的外孙女结婚了，他似乎看到自己实现了曾经的美国梦想。

　　12月底的某一天，鲍林一家在经历了暴风雪的阻碍之后，顺利登上了去英国的轮船。在船上他偶遇了正在研究分子次级结构的化学家，可是因为当时鲍林在休假再加上对这个人的反感，鲍林错过了一次大好机会。

　　鲍林安顿好家人之后，开始去牛津大学讲学，只要是上他的课，学生都把教室挤得满满的，学生们很喜欢他的讲课风格。晚上他们会参加各种各样的宴会，也因为鲍林对政治和科学的独特见解，使他成为史上唯一获得皇家学会外籍会员殊荣的科学家。

　　他应英国化学学会的要求到各地巡回报告，向人们讲述他的分子互补理论，但是因为处在蛋白质和其他大分子体积范围内的领域还没有得到正确的解答，鲍林迫切希望人们可以集中力量去研究。

　　1948年2月，鲍林应邀去参加重要的科学报告会，为了这个报告鲍林做了充分的准备，在会议正式开始前，参加完晚宴的鲍林走进了法拉第曾经待过的房间，他希望一个人重新理顺一下思路。

会议宣布开始后，鲍林自信地走上了讲台，在那里他先是提出来一些所需要回答的问题，他认为在书本上是找不到现成答案的，只有弄懂有关原子的一切，才能够理解这些重要的生物现象。

鲍林先巧妙地将听众的注意力抓住，然后再详细介绍了他的互补性理论。他的报告是这个报告会上最出色的，而且取得了理想中的效果，赫尔布鲁爵士称鲍林为天才。

劳伦斯·布拉格也去听了鲍林的报告。曾经他和鲍林一样是对蛋白质结构进行研究的物理学家，但是自从鲍林提出的观点超越自己之后，他开始让自己变得坚强，最终他成了世界上最先进的X射线晶体研究中心的主任。

只是他和鲍林的兴趣不同，布拉格在同事的影响下开始认识到蛋白质对X射线衍射的重要性，而当鲍林到达英国时，他们已经揭示了很多种血红蛋白分子的大致结构，而其他大学也早就开始了这方面的研究。

鲍林在英国工作的这段时间里，越来越佩服英国科学家的研究方法，他开始担心自己会成为一个失败者。在这样的情况下，鲍林想从其他的方面进行尝试，虽然并不顺利，可种种的试验表明，他的思路完全没有问题，只是他没有坚持下去。

1948年春天才刚刚开始，鲍林决定采用很富有启发性的假设来重新研究这个问题，他的这个指导原则曾在英国晶体学家中引起了强烈的反响，在经过了哈金斯理论验证之后，很多科学家开始寻找蛋白质里的螺旋结构。

鲍林做完报告后没多久，就因为英国的天气让他不得不留在家里养病，当他厌烦了看侦探小说之后，便开始在家动手研究蛋白质结构问题，在他将纸张画图和折叠之后，他惊喜地发现他得出了一种形状很优美的螺旋结构。

鲍林的随机性方法帮他解开了很多问题，可由于某些条件还不成熟，他还没有办法将结构伸长或者压缩。他这次没有声张，只是将草图收了起来，需要更多的时间去仔细研究。

鲍林的感冒持续了好几个星期，直到他带着全家去了巴黎，在服用了医生配给他的青霉素之后，病症才慢慢消失。家里人抓紧时间去参观和购物，他却忙于各种社交活动。

在某次专门的研讨会上，大家专门对鲍林分子价键和马利肯的分子轨道理论进行了优缺点的比较。鲍林的个人能力在他推广价键理论时发挥了决定性的作用，绝大多数化学家是接受他这一理论的，马利肯是根本没办法和鲍林竞争的，只因为他的很多基本概念都太复杂和深奥。

在鲍林接受各方的荣誉时，马利肯只能眼睁睁地看着，可是让他无法忍受的是，鲍林竟然蔑视他的理论，他一再主张自己的理论才更适合教学。但是到了20世纪40年代后期，越来越多的科学家开始倾向于马利肯的理论。

新一代的化学家不需要鲍林的简化方法，而马利肯的理论满足了他们的需要。在经过他们各自更为艰苦的研究之后，虽然两者的理论核心是相同的，但分子轨道理论更为实用。

在法国举行的辩论会上，虽然鲍林的演讲很精彩，却并没有让多少人转移阵营。会议结束之后他们参加了鲍林举行的宴会。鲍林周旋在众多科学家之中，而马利肯只是默默地坐在一边，之后他提前离开，他想要抓紧时间工作。

2. 正义的较量

鲍林回到伦敦之后去剑桥做了三次报告，这让他有机会走进布拉格的实验室。佩鲁茨很佩服鲍林，而他自己血红蛋白的研究结果很符合自己在病床上得出的结论。

鲍林并没有提起这件事，很多细节问题他需要进一步的研究，当他被布拉格体面地拒绝谈论专业，并看到卡文迪实验室的先进设备后，他知道是时候将自己的X射线实验室进行扩充了。

鲍林想要在这次竞争中获得更大的奖项，所以他写信告诉科里这里的情况，并提出让科里根据英国科学家的方式重新进行研究，科里回信说很期待和英国人的较量。

之后在英国的生活让他们很愉快，鲍林依然在牛津讲学，而他也得到了洛克菲勒基金一笔70万美元的资助。6月份，鲍林夫妇在孩子和朋友的庆祝下，度过了25周年结婚纪念日。

鲍林在英国的这段日子里，他的幽默风趣和乐于助人都给大家留下了深刻的印象。在他们去其他国家度假期间，鲍林还获得了巴黎大学颁给他的荣誉学位。

在欧洲访问的时间较长，但鲍林很满意自己的表现，而且他觉得自己找到了解决问题的办法。在回到帕萨迪纳之后，他将在欧洲访问的结果变成了30多篇很有价值的论文。

而鲍林有关镰状细胞贫血症的研究引起了人们的注意。但由于找不到充足的血源，他们的研究进度很慢，直到后来他们在图莱恩大学找到了能够满足他们研究的血液。

鲍林他们在几年时间里不断吸收研究者加入到这个项目中来，经过精密的仪器和正确的理论，他们终于发现了镰状细胞和正常血红蛋白之间的区别，同时也验证了鲍林之前的推测是正确的。

1949年鲍林为该研究写了第一篇重要论文，他称镰状细胞贫血症是一种分子型疾病。随后他的同事开始进行更为深入的研究，最后他们确定了疾病的根源。

鲍林团队的研究成果不仅成为医学和分子生物学上的里程碑，而且再一次提高了鲍林在医学界的地位。

鲍林从英国回来之后，除了投身研究又开始恢复了对政治的关注。在他对杜鲁门失望之后，开始支持华莱士。但是因为华莱士的性格和在政治倾向上都不受欢迎，最终在新一届选举时，彻底输给了杜鲁门。

杜鲁门的当选，让美国的政治再次展开了新的局面，但鲍林没有因此放弃自己的信念，他一直坚信自己的选择是正确的。

大选之后的美国政治状况，让联邦调查局局长小胡佛很高兴，他想将美国改造成自己理想的样子。后来在一位告密者的举报中，发现了鲍林的名字。

之后，他们开始了对鲍林一系列的调查，但始终都没有什么确凿的证据能够证明鲍林和共产党有任何关系，但因为联邦调查局的介入，还是让鲍林和母校之间的关系开始有了隔膜，甚至促使其他学院在雇佣老师问题上更加严格。

这个举动无疑让鲍林更加坚定了斗争的信心，只要抓住机会，他就公开批评效忠制度。鲍林开始积极参加各种会议指责美国的迫害政策。

本来杜布里奇并不想太多干涉鲍林的问题，可是由于他的行为太过招人注意，让董事会开始对他有了异议，迫使他不得不找鲍林好好谈一次话。

交谈中他很婉转地希望鲍林不要将学校的名义用在自己的言论上，并注意自己的言辞。这次谈话并不愉快，他们对彼此都采用了不屑的态度。

虽然鲍林想尽量把政治和学术分开，但是因为他自己慢慢成为新闻人物，因此报道总是不忘把他所在的学校和头衔写上。

3. 特殊手段

1950年，因为一连串事件的曝光不仅加速了冷战，也让麦卡锡在拿出一份有205名在国务院任职的共产党名单后成了最热门的人物，4月起，国家安全委员会进行大规模的军事集结。

但因为杜鲁门在1月份发表了要制造超级炸弹的消息，使原子科学家紧急委员会内部产生了很大的分歧。鲍林派认为发明氢弹同样是荒唐的，而坚持派却认为一定要先于苏联制造出来，就这样因为双方无法调和，这个委员会最后只能解散。

氢弹的出现让鲍林更加担忧，他开始主张美国和苏联进行谈判，建议国家拨款给科学家进行战争起因和预防措施的研究，他的努力开始得到人们的支持。

对鲍林的指控越来越多，联邦调查局开始对他进行详细调查，但却一直没有找到确实的证据证明共产党和他有什么密切联系。

联邦调查局因为在鲍林身上找不到线索，开始对他身边的人进行调查，就在这个敏感时期，鲍林却因为帮助一名涉嫌和共产党有关系的朋友，而再次将自己推到了风口浪尖上。

杜布里奇接到校董会的提议，要将鲍林开除，这让他感到很为难，毕竟鲍林是一位德高望重的科学家，而且为了学院的壮大和发展都做出了很大的贡献。

但因为共产党的问题已经让美国从冷战发展到热战阶段，联邦调查局再次对鲍林进行了更为详细的调查，在此同时鲍林也正式被通知要接受校董事会的调查。

虽然两个不同机构都进行了不同程度上的调查，但却一无所获。尽管如此，还是让鲍林的名誉受到了损害，不仅医药厂与他终止了合同，军事方面也开始对他进行回避。

再加上学院内部的调查和怀恩巴姆的定罪，而怀恩巴姆曾向鲍林求助，当然鲍林仅仅是借钱给他，但人们对此并不知情，反而认为他们暗中勾结，鲍林的生活越来越难过。人们开始对他躲避和疏远，这使鲍林的自尊心受到了很大的伤害。

鲍林在那段时间遭遇到了莫大的考验，可是他从来不在外人面前表现出来，爱娃对此感到担忧。

内部的调查终于在秋天结束了，没有任何证据表明他是共产党，但依然遭到了很多人的怀疑，并指责杜布里奇对鲍林进行袒护。杜布里奇回信说鲍林的罪名已经被洗刷了，而且他不希望鲍林因为个人的政治信仰就遭到迫害。

在20世纪50年代，鲍林一直从事着政治活动，即使美国已经今非昔比了。

在科学上他比任何人都努力，他有自己的思想和做法，他希望得到别人的掌声和各种荣誉，他是一个遵纪守法的人。

但在政治上他从来都不是一个墨守成规的人，他不会向那些权威势力低头，他坚信作为科学家有责任投身到政治中去。

鲍林希望用理性思维和科学方法促进社会的发展，而且他信仰科学人文主义社会主义，他将政治比作是科学研究，即使他现在处在概率左侧也无所谓，自己一直都是一个有效的数据点，他有权发表自己的观点。

他一直坚持着自己的观点，最终他在1950年11月13日早晨收到了一张来自洛杉矶加州教育调查委员会的传票，并要求他在当天10点半出席。

在听证会上鲍林一直否认自己和共产党有关系，甚至对方的律师威胁说这样会被判刑，也没有让鲍林有一点儿害怕的迹象。倒是调查委员会的卑劣行为，让鲍林很气愤。

鲍林最后给杜布里奇写了一份三页的文件，一再申明自己并不是共产党员。杜布里奇对他的表现很满意，但为了平复校董们的心情，他让鲍林在自己所做的申明里进行宣誓自己从未和任何共产党员有过瓜葛。

杜布里奇最后为鲍林争取了再一次的听证会，这一次鲍林只是在宣誓之后念了自己的这份声明，再也没有做出过多的争辩。虽然有人怀疑鲍林这样做是在愚弄委员会，并有人继续写反对信给杜布里奇，但是他这次已经学会了从容应对，他要让鲍林自己认识到错误，不是所有事都非要有过激的行为。

4. 努力背后

鲍林在此之后，开始用科学研究来缓解在政治上的压力，他在完成《普通化学》的编写之后，又在1950年出版了极为畅销的《大学化学》。在爱娃生日时，他买了一辆绿色赛车作为她的礼物。

鲍林开始继续着手对蛋白质结构的研究，虽然他在布拉格研究小组发表的论文中并没有发现什么新的证据，但是他还是从中看到了他感兴趣的内容，作者用自己的方法构造出了蛋白质结构的种种模式。

虽然布拉格在被鲍林击败的十五年里做了很大的努力，但是他们还没有找到其中的规律。而对于布拉格1950年发表的论文，鲍林认为他们的试验太过局限性。所以，他们并没有在蛋白质结构上取得什么实质成效。

鲍林却因为他们的论文重新回到了竞赛的跑道上。他从英国回来之后，就已经让自己的研究小组对蛋白质加紧进行研究。而这个小组成员通过几年的时间，终于在这方面有了进一步的发展。

而镰状细胞贫血症的研究在这个时候也开花结果了，鲍林开始筹备建立一栋新的医疗化学实验大楼，他准备用新的视角开始医学研究。

鲍林开始为了这个大楼向洛克菲勒基金申请资金，但是却遭到了韦弗的拒绝，在没有办法的情况下，鲍林希望可以得到其他财团的帮助，但是都遭到了拒绝，他们在分子型疾病上根本没有兴趣，他们只肯给予小额和短期资助。

没有财团的帮助，鲍林只能继续研究蛋白质螺旋结构，因为之前他们曾得出蛋白质只有两种螺旋结构，但是却不能确定哪种更紧密，所以他决定将结论推迟发表。

当鲍林得知布拉格研究小组的结构已经越来越接近自己的结果时，他开始了进一步研究，虽然这次他们采取了新的研究方法和理论，可依然没有新的突破，研究结果反而成了一道阻碍。

其他科学家也在朝着这方面努力，并且都有了点儿成果，鲍林却依然走不出困境，但是他不想输给任何人。1950年10月16日，鲍林先人一步将自己的结论发表在《美国化学学会学报》上。

鲍林后来在英国一家人造纤维制造公司的帮助下，使事情有了突破，而后他们在各地演讲阐述自己的思想，更多人开始关注，却没有什么批评意见，这让鲍林信心大增。

鲍林和科里用一年时间互相配合，终于成功了，但是一直都没有详细的论文发表。而在洛克菲勒一位官员对鲍林实验室进行访问时，却发现有些东西都是凭空的主观想象，还不能当作合理的科学创造。

在没有可靠数据的支持下，没有人会像鲍林那样大胆地赌运气似的研究，但他就是那么独树一帜，他不愿意像其他科学家那样满足年轻时取得的成就。鲍林一直在努力，他觉得离成功越来越近。

鲍林不仅在自己的科学领域相信自己，在政治上他也一直坚定自己的想法，因为他问心无愧。特别是在马上就可以揭示生命奥秘的时候，他更不会退却。

鲍林知道一旦发表了详细的论文，问题就可以全部解决。他和科里开始把所有的时间都放在撰写有关蛋白质结构的几篇论文上。

1950年4月，鲍林将他们整理好的一组译文寄给了《国家科学院学报》，论文一经刊登就受到了众多科学家的关注，连布拉格在经过亚历山大·托德的确认后，也不得不承认自己还是败给了鲍林。

佩鲁茨在读完鲍林和科里的全部论文之后，一刻都不敢耽误地走进了实验室，最后在亲自验证之后，他肯定鲍林他们发现的研究成果是正确的，没有必要再怀疑。

第八章 用科学改变世界

> 如果这个问题真的那么重要，之前应该更努力些。
>
> ——鲍林

1. 坚持自我

由于鲍林这段时间都在进行研究，因此对政治并没有多少关注，但是想要寻找他罪证的人，并不这样认为，鲍林一直都是他们调查的首要对象。

鲍林的任何举动和行为都很容易被别人贴上标签，杜布里奇对此也只能小心应付着，但是因为朝鲜战争爆发，鲍林的言论和行为再次被纳入了调查范围。忠诚计划审查就是当时众多政治花样中的一个，鲍林也没能摆脱。

鲍林又一次受到了不公平对待，虽然他一直在支持苏联，但是在那个特殊的时期，苏联却因为李森事件走上了反鲍林的道路，这样鲍林陷入了两难境地。

鲍林在政治上受到排挤时，英国的学者开始在鲍林的论文里找寻错误。1951年秋天，他们终于找到了大量的错误，就连佩鲁茨也证实了其中提到的羽毛结构是错误的。这对鲍林来说又是沉重的打击。

在鲍林接受批评之后，他开始继续修正自己的理论。但是他的阿尔法螺旋的成就盖过了各种批评。英国科学家也不得不承认鲍林在这方面的研究帮他们解决了很大的问题。

阿尔法螺旋是项很了不起的成就，鲍林也因为这个成就再次提高了自己的地位，而他发表的一份新闻稿更是得到了所有人的赞赏。

虽然鲍林在科学界的地位很高，但是在政治问题上依旧遭到了其他人的质疑，也因此一再失去赞助和一些报酬。

鲍林开始被怀疑是和共产党的团体刻意保持距离，并辞去了多个职务，他开始不再做任何意义上的政治演讲。他看淡了世态炎凉，准备过几天安稳的日子。

鲍林和爱娃一直都很喜欢让学生来家里做客，这样不仅可以促进师生之间的感情，更方便让学生了解在课堂上学不到的知识。

1952年，鲍林想要在春天时进行对欧洲的访问，他向有关方面提出延长护照的申请，但是他遇到了阻碍。

情人节那天，国务院护照处主任露丝·希普利夫人通知鲍林，由于政治方面的原因，他的申请不能通过。

鲍林得到消息后，用尽各种办法最后都没能拿到护照。也因为他没能及时出席英国皇家学会的会议，让英国科学家抓住机会，对他的思想进行了各种批评和质疑。

在英国虽然鲍林的思想遭到了冷遇，但是在申请护照方面，他却得到了来自各国科学家和权威的支持，最终在社会舆论的支持下，鲍林签署了一份宣誓书之后终于领到了护照。

当他出现在国际生物化学大会时，鲍林敢于和政府对抗的精神，引起了轰动，而他的行为也使他成了法国人民心目中的大英雄。

之后在国际噬菌体学术报告会上，鲍林从奥斯瓦尔德·阿佛的实验中意识到了自己曾走错了方向，产生遗传性状的主要分子还是DNA。

鲍林并没有因为这个就气馁，他自信有足够的能力解开DNA之谜，他唯一担心的是会不会有人在他之前发表成果。

詹姆士·沃森是德尔布吕克的门生，他一直在为DNA寻找模式，他很认真地听了鲍林在卢瓦蒙会议上讲的关于解决DNA问题的正确方法，他决定要采用这种方法做研究，他比很多人都较早地认识到DNA是了解基因的关键。

沃森在偶然情况下，开始和弗朗西·克里克一起合作。沃森很崇拜这位科学上的怪杰，而克里克把他当作对手，但是他们在研究过程中却一直采用鲍林提出的理论和方法。

他们在1950年进行了第一次尝试，经过多次试验他们自认为成功了，但是富兰克林却指出了他们试验中的失败，他们试图进行第二次试验，但是被拒绝了。

虽然如此，但是他们谁都没有放弃对核酸的思考，他们一直认定自己的研究方法没有错，只是需要多一点化学方面的知识。1951年的圣诞节，克里克把鲍林编写的《化学键本质》送给了沃森作为礼物。

2. 再访英国

在鲍林参加完法国的各种会议之后，他又去英国弥补了因为护照不能参加皇家学会会议的遗憾，并用自己的行动向对他提出批评意见的人证明了自己的理论，同时在一些问题上，也做出了修正和完善。

在进行访问的这段时间，鲍林很高兴能与克里克见面。而这时候克里克因为在预测螺旋衍射X光的方式上取得了重要成果，他很希望可以去加州理工学院继续学习，并向鲍林提出了这个要求，鲍林很高兴地向他发出了邀请。

因为鲍林满脑子想的都是蛋白质，因此并没有去拜访当时在研究X射线的富兰克林，这也让他错过了发现DNA结构中的关键问题。

鲍林想要通过自己的努力获得更多的成就，在9月回到了学院之后，他把所有的时间都用在了这方面的研究上，终于在10月的时候发表了X光反射方面的新想法。

克里克后来和在剑桥学习的彼得成了朋友，等他了解到鲍林也用自己的想法在研究时，他有点儿怀疑是鲍林剽窃了自己的想法，但他还是经过几个月时间的努力解开了最后的难题，可当他把自己的想法寄给《自然》杂志时，还是比鲍林晚了几天。

但因为克里克的是注记，发表时间要比鲍林的论文还早，也正是因为这样他们开始了谁才是首创者的争吵，最后他们还是达成了协议，就是这个结果是两个人各自独立得到的。

虽然这并不是一件让人愉快的事，但是鲍林却因为自己的研究解开了阿尔法螺旋的最后一个问题而兴奋不已，他认为自己研究过的球蛋白都可以用它作为其结构上的主要形态。

虽然鲍林的成果意义很巨大，但是并没有得到其他科学家的过多关注，他知道生命的真正奥秘还是在解开DNA问题上。

1952年11月25日，鲍林在听取了伯克利分校的教授罗勃利·威廉姆用电子显微镜拍摄到的极为微小的生物结构报告，虽然有不少发现，但却还是有解释不了的现实，鲍林对DNA开始了新的思考。

他开始在书写纸上进行可能性的计算，虽然他得到了一些发现，但却还是有些地方无法解开，鲍林不得不把研究数据的事一再停下来。

鲍林去资料室查看了有关核酸方面的一切资料，但是没有多少有用的资料可以借鉴。

12月2日，鲍林再次开始了对图形和算式的思考，最终他解开了他当时想不通的问题。对于这个发现，鲍林很兴奋，他急迫地想要向所有人介绍自己的想法，并和科里着手进行更为精细的结构刻画。

经过科里的认真计算，虽然螺旋模式和大多数X光数据很符合，但并不意味着其他的数据也符合，虽然舒梅克用自己的方式找到了解决的方法，但是鲍林还是一直坚信自己的想法。

因为他在阿尔法螺旋上的成就，所以他坚信自己对DNA的研究方向也是正确的，只要他能找到一种看上去正确的结果，便能在这个领域里取得无法让人超越的结果。

3. 惨遭失败

虽然鲍林很自信，但是从科里的研究计算来看，这个结构还是不够正确。即使经过鲍林的修正，却依然到不了完美的地步。

在鲍林没有任何头绪的时候，他却再次受到了政治上的攻击，虽然人们对于麦卡锡主义产生了强烈的不满，但是鲍林还是受到了严重的伤害，因此很失落。

这时候的鲍林很希望得到别人的肯定，所以他把所有的精力全都放在了和科里对论文最后的加工和润色上。

1952年的最后一天，鲍林将他们的论文投寄到《国家科学院学报》上，虽然论文是发表了，但这次他们却采用了并不是很肯定的说法，来解释他们的这一研究成果，他们太渴望先人一步取得成功了。但是与阿尔法螺旋的研究比较，鲍林花费在DNA上的时间和精力都是远远不够的。

克里克和沃森听到鲍林成功解决DNA问题的消息时，心里很难受，但是他们却坚信只要自己继续研究下去，一定可以在这方面得到部分荣誉。

就在他们两个被禁止不许再研究这个项目的几个月后，切加夫在批评了他们的同时，还是给了他们很有价值的资料，这是鲍林曾不在意的发现。

他们两个很受启发，尤其是在彼得那儿他们看到鲍林论文的手稿时，还发现了一处鲍林绝不应该出现的错误，他们毫不犹豫地向鲍林提出了批评，一时间鲍林的化学研究出现问题的消息传遍了各地。

因为他们的发现，富兰克林给了他们机会观看自己有关DNA分子的相片，这让他们对研究有了进一步的把握。虽然克里克对于之前论文的事还是耿耿于怀，但是他为能找到鲍林的错误而雀跃。

布拉格对于鲍林的这次错误也很开心，为了抢在鲍林前面把DNA的研究成果发表，他开始同意克里克和沃森继续这方面的研究。

鲍林原本已经把目标转向了其他方面，但因为出了这次事件，才让他不得不继续研究DNA。在科里怎么都无法完美地解决问题时，鲍林终于接受了舒梅克的建议。

虽然问题得到了一定的解决，但并不能实质性地将问题解开。直到他们去加州大学分校时，才在那里找到了有价值的资料，可是已经来不及了。

克里克和沃森在经过切加夫的指导后，开始将注意力放在双链模型上，但从20世纪40年代就长期跟随鲍林学习的达特默恩的高才生多诺胡，却觉得他们的研究进入了一个误区。最后结合了他们两个人的指导意见，克里克和沃森找出了完美的结构，这是鲍林的模型根本就做不到的。

他们的研究成果得到了更多人的肯定，即使鲍林也不得不承认自己的研究里有很多缺陷，但是他依然希望可以通过进一步的研究来修正自己的观点。

鲍林在对DNA上的研究最终还是失败的，这可能是他在科学上做的最后悔的事。有人总结鲍林之所以失败是因为他过于自负，而且总好大喜功。

而爱娃对于鲍林在这件事上的过分强辩也感到了厌烦，每次当他听到鲍林说起时，她都会质问丈夫为什么明知道自己的错误，却并不改正呢！

第九章 突如其来的奖项

> 无论是否德高望重都不可能不犯错，要坚持独立思考。
>
> ——鲍林

1. 选择沉默

1953年的这个夏天，大家都在谈论鲍林新建大楼的钱是从哪里来的，谈论最多的认为他是用别人归还的欠款建的。

建这栋大楼的目的是要将鲍林的化学楼和比德尔的生物实验楼联系起来，而建造这栋大楼的资金来源于一位有钱人在遗嘱里做的特殊声明，和外界的传言相似，这笔钱是当初鲍林帮这个人洗脱赛马嫌疑时获得的。

虽然他们得到的资金已经比较巨大，但是想要符合鲍林和比德尔的标准还是需要继续投资的，他们太想要一个宽敞的地方了，他希望那里有足够使用的明亮又宽敞的实验室和现代化设备。

但是校长并不愿意投更多的钱在这座实验大楼，失去了校长的支持，他们只能自己向各大财团申请募集，可都遭到了拒绝，在实在没有办法的情况下，他们只能婉转地向洛克菲勒基金会提出了申请。

为了建实验室，鲍林付出了全部的精力，甚至搁下了对DNA的进一步研究，当然，这主要是因为败给了沃森和克里克，让他从此失去了对求解巨分子结果的所有热情。

这段时间没有重大的项目可以考虑，鲍林开始准备在帕萨迪纳组织一次关于蛋白质的国际性会议，同时他还修改了《普通化学》，还为孩童时迷上的百科全书新版撰写了几个有关化学的条目。

也许他唯一觉得有重要意义的就是关于铁磁性新理论的发表，可并没有得到多少人的支持。在写信询问了斯莱特之后，他才知道问题出现在理论太过简单上，不过因为斯莱特是个看不清大方向的数学家，鲍林并没有把他的话放在心上。

也许因为鲍林在DNA问题上犯了错误在大家心里留下了阴影，他已经不再是那个不会犯错的圣人。在那段激动人心的日子，埃德加·小胡佛总想抓住机会让鲍林的共产党身份暴露出来。鲍林终于拿到护照可以去欧洲的时候，小胡佛一直在暗中监视他的行踪，得知居里夫人的女儿因曾受过共产主义教育，而被剥夺美国化学学会会员资格时，鲍林对美国化学学会竟产生了厌恶。

7月，只因鲍林在应用化学国际代表大会上和苏联科学家交杯祝酒，而被再次怀疑是共产党，但最后因为缺乏确实的证据，只能被搁置。9月，鲍林回到帕萨迪纳为研讨会做最后的准备。

鲍林在会议上采取了无限制发言和反驳时间的决定，每个人都可以阐述各自在所研究项目上得到的最新成果，他希望参加会议的人都有足够的时间去享受周围的风景，他还在家里举行了一场别开生面的晚会。

这次研讨会的课题涉及面很广，但是谈论最多的还是和DNA方面相关的问题，鲍林在二十年前论述的有关球状蛋白质是由多肽链组成的理论，在几个月前已经被人成功验证。曾经很多人都质疑鲍林，但现在却达成了共识，这次会议成为一次很有意义的爱心联谊会。

在加州理工学院图书馆的前面，五十多位参会者拍合照，那时候只有一位获得了诺贝尔奖，在接下来的十年中又相继有很多人获得这个殊荣，鲍林就是其中的一位。不过唯独少了X射线晶体学家霍奇金。

鲍林一直在政治方面保持沉默，为此他只参加一些科学活动。而在他的新肾科保健医生因为政治信仰被开除之后，他们对国家艺术、科学和专业人士委员会的目标拥有了相同的观点。

在得知被开除的真相之后，鲍林写了封信给医院，指责他们的行为，并参加了一次由年轻医生李普曼的支持者所举办的集会，如果按照他的脾气秉性，鲍林会大声地到街上游行，但这一次他并没有这么做，他找了各种理由离开了。

他不愿看到因为时代变迁而受到伤害的人，他选择了一种可以对李普曼这一类人表达尊重的方式，在李普曼因为黑名单根本找不到工作的情况下，鲍林在加州理工学院为他安排了一个职位。

1952年一年里，鲍林的日子也并不好过，对于他插手李普曼的事，杜布里奇很气愤，并明确告诉他，联邦调查局并没有放弃对他的调查，他的一举一动随时都会被监视。后来由于鲍林护照案，加州理工学院想要用年工资几倍的金钱将鲍林踢走，在他护照签发下来之后，校方再也没有提及此事。

到了年底，鲍林几乎停止了一切政治活动，但是因为他的名誉一再受到攻击，他决定不再沉默下去。

鲍林先写了一封私信给杜鲁门总统，表达了自己所有的期望，又在1952年11月下旬，举办了一场小型的聚会，把埋藏在心里的话一次说出来，想要通过媒体传达给美国当局。

可是没过多久他又再次选择了沉默，艾森豪威尔的上任让反共热潮更加激烈。在艾森豪威尔的班子中，有一个女人叫奥维塔·卡尔普·霍比在她高升为新的卫生、教育和福利部部长之后，对鲍林停发了将近6万美元的资助，最后在没有办法的情况下，鲍林用别人的名义申请到了资助。

除了鲍林还有其他人遭到了同样的对待，这也让鲍林看到了美国公共卫生服务处采取措施背后的真正原因，他们提供的资助也附加了条件，这让鲍林觉得很可笑。

鲍林不断向卫生服务处申请资金，直到霍比辞职那天才得到了批准。鲍林坚持不再谈论与政治有关的问题，但是每次他申请护照，还是受到有关人士的阻拦，往往要到了动身前一两天才能拿到手。

2. 屡次遭拒

1953年秋季的一天，鲍林要去以色列进行短暂的访问。在出发前，他又受到了老一套的对待，但是这次他碰到了一个死硬派反共分子，经过缜密的监视之后，确信鲍林没有什么不对劲的地方，才对他稍稍放心了些。

在鲍林回国没几天他再次申请要去远游，这一次他要去印度，鲍林从尼赫鲁的身上看到了一条新的道路，但是当局却并不那么想，他们认为这时候去印度，鲍林是在给美国抹黑，因此拒绝了他的申请。

到了12月初，鲍林的申请没有得到任何的回应，他不得不请人去和相关部门交谈，但是最后给出的结果是，在鲍林出发前，他们不会有任何的举动。这使鲍林很气愤，直接打电话给希普利，向她保证不会做任何有关政治方面的发言，但是她说决定权不在自己。

鲍林夫妇一边在为护照进行最后的争取，一边不停地修改动身日期。

在鲍林去护照办事处领取护照时，被通知已经彻底拒绝了他的申请，却没有给他任何有关的解释，但是工作人员告诉他可以对此进行上诉。

鲍林夫妇在华盛顿度过一个并没有欢乐的圣诞节之后，他们要求两大重量级人物为他们做担保人，向相关部门保证鲍林并没有进行过任何政治活动，而他自己也接受了询问。最后根据他们所关心的问题，起草了一份详细的宣誓书。

鲍林用了两周的时间，花了大笔的费用，到最后还是无法完成有关部门提出来的要求，最后他们不得不回到自己的家。但是国际上对于他的遭遇，同样保持沉默，他避开媒体，给几个有影响的人写信表示自己的抗议。

为了可以顺利外出讲学，鲍林这次不得不将所有有关的资料附上，然后再次申请护照。令谁都没有想到的是，这个时候鲍林和比德尔申请的150万美元已经被批准了。不过对于护照的问题，鲍林一直都得不到有效的回应。

1954年春天，鲍林再次大声提出抗议，因为美国的一个爆炸装置让当时在海上的一个日本渔民受到放射性毒害。日本那边掀起了抗议美国的游行和示威。接着日本医学界和科学界向全世界宣布，美国的这次炸弹试验产生了放射性尘埃。

日本的报告在美国慢慢传开，即使是总统亲自出面都没有打消公众的疑虑。这件事同样让鲍林很震惊，他做了两年半时间里的第一次有关核弹的演讲，他批评了美国政府的轻率。原子科学家也认为这时候有必要建立一个世界统一的政府，有义务和共产党国家进行对话。

鲍林的演讲得到了听众的认可。他将话题转向公众，述说美国政府对待年轻的科学家奥本海默的不公。但是不管人们怎么抗议，最后奥本海默还是被剥夺了参与机密工作的资格。

美国政府这一举动不过是想对科学家进行一次警告，但是鲍林却完全不在乎。他开始围绕放射性尘埃做一系列重要的演讲，告诉人们一定要追求真理。

这个问题，在全国范围内展开了激烈争论，相关人员都想大事化小，让外界不再猜测。鲍林发现放射性尘埃造成的污染只是一小部分，他开始积极为论文做准备，想要证实放射性尘埃和细胞变异存在着某种关系。

6月，鲍林再次申请护照，他希望这次对方可以给他一个合理的拒绝理由。鲍林对他们的猜测很反感，但是只有一条引起了他的关注，值得认真对待，那就是说他是隐藏的共产党员。但是，因为早就有确凿证据可以证明他不是共产党。10月1日，鲍林的护照再次被拒发。

鲍林不想上诉再被他们羞辱，没过几天，他不得不写信给相关部门说，他不想再浪费时间和金钱来做无谓的反抗，最后只能撤回了自己的申请。这个时候他心里已经有了另一种打算。

3. 预言成真

离朗谬尔对鲍林的预测已经过去了23年。这段时间鲍林身边的人一直在讨论，他到底在什么时候能得诺贝尔奖，在一些从不引人瞩目的学者相继获奖后，他对自己慢慢地失去了信心。他已经53岁了，许多人把他看作20世纪最重要的化学家，可是他一般的科研成果都是批量的，不符合诺贝尔遗嘱的条件。

1952年，早已经获得诺贝尔奖的生物学家写信给鲍林，要提名他今年的候选人并认为他早就该获得这个奖项，但唯一的问题是要在哪个项目上提名。鲍林最后将自己的生平和所研究的工作做了一个总结，寄给了森特·哲尔吉。

　　但是在1953年11月，诺贝尔奖候选名单上却没有他的名字，虽然鲍林很失望，但是他没有很在意，过了没多久，加州理工学院交给他的一封信件中提到了有关他可能会获奖的消息。

　　第二年的11月，鲍林去两所著名大学讲学，他尽量不想获奖的事，他怕自己会再次失望。但是11月3日他接到了记者的电话，肯定了自己在诺贝尔奖上所获的荣誉，这让他很自豪和欣慰。

　　鲍林因为化学键到阿尔法螺旋的发现获得了诺贝尔奖，而且还是一个终身成就奖，让他十分兴奋。学校里的学生和老师还有各界人士都纷纷向他表示祝贺。对于护照的事，他不用再担心，因为美国决定不会步德国纳粹的后尘。

　　虽然鲍林一直沉浸在快乐之中，但是他也没有忘记自己的工作，在讲学之余他还最后一次探访了爱因斯坦。爱因斯坦肯定了鲍林在科学上的成就，虽然在其他方面两个人都有很多烦恼，但是对于世界的理解他们用的是同样的思考方式。此次会面后不到半年，爱因斯坦在家中去世。

　　在宣布鲍林获奖的当天，他曾经待过的麻省理工学院的学生组织了好多人签名以表祝贺。鲍林在加州理工学院也受到了很多人的祝贺，在化学和生物股份公司演出的短剧也侧面地展现鲍林的教学和在科研中的成就。那段时间鲍林一直沉浸在温暖的气氛里，也成了他永远找不回来的回忆。

　　在宣布鲍林得奖的第二天，他就写信给那些有头有脸的人，希望他们可以收回对他护照的限制，不过还是有人拒绝了他的要求。

最后还是公众帮助了鲍林，他们在诺贝尔奖宣布之后，一致要求有关人员可以尽快发给鲍林护照。

尽管美国当局受到了来自各方的压力，但是在发现了鲍林又开始到处演讲并希望建立"和平部"之后，他们都盼望鲍林可以先上诉，这样就可以让这件事拖上几个月。但是鲍林很清楚他们每次用的招数。

在支持鲍林的信件和社会舆论如雪花般飘到美国相关部门时，考虑到联邦调查局六年都没有找到确凿证据，他们不得不召开了紧急会议，即使要将护照发到他手里，也要保证他在领奖之前不能做任何事。尽管有了这样的提议，还是有人坚决反对。最后杜勒斯还是决定要颁发护照给鲍林。

小胡佛对此事很不愉快，这么多年他都想要把鲍林赶出加州理工学院，可惜最后他却这么轻松地就拿到护照，他特别不甘心。在他辞去了加州理工学院校董的职位之后，对鲍林更是恨之入骨。

小胡佛决定不再插手这件事，一天下午鲍林正式被通知可以前往斯德哥尔摩，但是同一天希普利却一直表示应该拒发鲍林的护照。过了没多久，希普利正式宣布辞职。

鲍林在拿到护照之后可以任意去世界各地，在被问起鲍林这个案件时，麦克劳德用了很多幽默的方法去回答。12月5日，鲍林带着全家人一起前往斯德哥尔摩。

4. 终生难忘

他从来没有到过诺贝尔会场，这次活动是瑞典皇宫大臣为获奖者举行的招待会，在会上他认识了很多在物理化学方面很有成就的科学家，只是很可惜文学奖获得者海明威因为受伤没有现身。

第二天到来时，鲍林在他认为是当今世界上最为气派的典礼之一的诺贝尔颁奖礼上，获得了诺贝尔奖章和奖状。他一改平时的拘谨呆板，向每个人展开了笑容，在欧洲媒体人眼里，会场上所有人都和他一样沉浸在欢乐之中。

在颁奖礼之后，新的得奖者在斯德哥尔摩的市政厅黄金阁受到了国王的礼遇。国王向每一个人敬酒表示祝贺，他们也都用简短的言辞表达感谢，只有鲍林的谢词让掌声经久不衰。

鲍林在宴会后被选为代表向等候在那里的学生发言，随后所有的瑞士报纸都刊登了他的演说：我不想以一位先辈的身份向你们做出训示，只是给你们一些建议，你们应该要懂得尊重长辈，但是不一定要相信除自己以外的任何人，因为就算是圣人也会犯错，要永远保持怀疑的态度去独立思考。这番话再次得到了全场人的热烈欢呼。

到了第三天，鲍林还进行了一次关于诺贝尔奖的演说，他详细地讲解了自己的科研项目，并十分肯定自己研究化学的方法是正确的。到了晚上，鲍林夫妇在国王和王后举行的正式宴会上，得到了贵宾般的照顾。

最后鲍林和其他的美国获奖者一同参加了美国大使馆举办的庆祝晚会，鲍林觉得这是美国政府准备将他当作一个值得尊重的公民对待的信号。晚宴之后，使馆参赞在给华盛顿的电报中称，鲍林不仅有个人魅力，而且无论在什么样的发布会上，他都做得滴水不漏。

鲍林的言行都是无可挑剔的，他不仅为美国赢得了尊重，还证明了自己的个人成就可以缓解冷战的紧张气氛。很多报纸都称，虽然海明威没有出现有些遗憾，但是却发现了一个明星，就是为人谦恭的鲍林教授。

全球各地人民都向鲍林表达了友好之意。鲍林一家在当地观光了两个星期之后，他们一起走访了以色列的几所大学，并和那里的学者进行了交谈。随后他们去了印度，完成了早就计划好的讲学，这一次访问成了一家人旅行的高潮。

在印度科学大会上，鲍林充分发挥了自己的外交才能，不但接受了其他国家的礼物，还和在这里的几个自费的美国人见面。鲍林是会上唯一被邀请的美国人，在大会上他论述了自己的科研观点，最后他阐述了美国并没有在进行大范围核弹试验，在一个可以自由进行研究工作的国家，他觉得自己很荣幸。他的发言得到了肯定，也为美国名誉做出了贡献。

鲍林最后还和尼赫鲁一起吃晚饭并进行了交谈，在鲍林心里，尼赫鲁是世界上不可多得的伟大人物之一。

在曼谷停留几天之后，鲍林一家又去了日本。在那里他受到了疯狂的追捧，很多次不得不中断演讲。但是鲍林对这里的经济和政治很感兴趣，他们虽然很贫穷，但是这里的老百姓都很支持与苏联和中国进行经济和贸易往来，这对鲍林的触动很大。

因为基尼岛爆炸事件牵连，日本渔民依旧在医院接受治疗。这也让日本人民纷纷对美国进行核武器试验众说纷纭，鲍林耐心听取来自各方面的声音，也明确了下一步科研项目的新方向。

鲍林的出行一直都令全家人很开心，但是因为在代表美国觐见日本天皇的问题上，美国政府却因为鲍林的身份不合适而给出了反对意见，多少让出访蒙上了阴影。

他们用五个多月在世界各地旅行，最后回到帕萨迪纳后，鲍林还是有了一点儿变化，他了解到全世界的人都在关心世界的问题，他感受到人们非常渴望和平。他回到国内就坚定了信念，随时准备投入到新的工作中去。

第十章 科学家的改变

> 得奖意味着人生出现了一个新的转折点。
>
> ——鲍林

1. 人生转折点

　　诺贝尔奖可以改变一个科学家，无论是从名誉上还是在新的科研上。这个奖项对于很多科学家来说，使他们的人生开始有了新的转折点，也代表着成果将逐渐减少，研究中心的概念也会越来越模糊。

　　鲍林回国后面对各方面的追捧和邀请，他并没有迷失。不过他的心态多少有了变化，他不仅成功登上了科学的顶峰，而那笔不可小视的奖金也让他不用再去求人资助。

　　鲍林又可以再次按照自己的意愿投入到政治活动中去，他以前被迫沉默，是为了不想丢了自己的饭碗，还有要为加州理工学院的名声考虑。现在他获得了诺贝尔奖，还有他留给全世界人民的印象，完全可以让学校再次为他感到骄傲。

　　对于美国之前的核试验，还有关于奥本海默的案子，都让他重新回到了社会行动主义的轨道上来，在接下来的六年里，鲍林一直做着和科学没有关系的工作。

　　鲍林回到加州之后，工作重点就开始转移到另一个方面，他在电台和电视台呼吁停止核武器的研究，并详细说明了它会给世界和平带来什么样的危害。

　　他相信自己的呼吁是合情合理的，他不仅读过相关资料，也曾和日本的科学家交换过意见，他深知放射性的危害，尤其是对人体健康的损害，虽然还需要进一步的证据，但是已足够让人们提高警惕。虽然有很多东西都无法证实，但是鲍林的言论还是引起了全国人民的注意，他断言放射性带给人们最大的危害会是血癌。

鲍林在日本的所见所闻已经广为人知，日本科学家也十分肯定美国这次投放的是一种新型武器并非普通炸弹，他们提供的很多有力的证据显示，他们发现有很多普通铀的副产品，而一般普通铀要在很大的能量激发下才能发生爆炸。

而基尼岛上发生的爆炸很符合他们的推断，利用裂变—聚变—二裂变的设计，用最少的财力，制造出威力极为恐怖又肮脏的"铀弹"。这一研发再次激发了全世界范围内反对核武器的浪潮。

1955年7月，英国哲学家、数学家、和平主义者罗素，鉴于核武器带给人们的危害，决定联合世界各国有名的科学家签署一份反对核战争的声明，而鲍林就是第十一位签署人。

在这份相关声明里，罗素讲述了人们对氢弹的恐惧和危害，并倡议他们立即停止这一研究。宣言的用词让人们想起了原子科学家紧急委员会的早期，只有科学家们将真相公布出来，才能真的阻止核武器的诞生，但是因为爱因斯坦的去世，罗素只能在英国起到作用，而在美国只能靠鲍林。

1956年，鲍林用了一半的时间去研究有关放射性尘埃的资料，但是原子能委员会为了消除人们的担心，两次声称核试验所释放出来的放射性尘埃的总量到了人们身上还不及X光胸透的威力大，如果说核试验会污染环境影响健康，根本就是无理取闹。

鲍林觉得他们的解释很片面，但是又不肯提供确切的资料，全世界的科学家只能局限于自己的研究中，在这方面他们最后得出的结论是放射性尘埃会产生一系列的连锁反应。1956年，核武器问题已经不再是美国一个国家的事情。

鲍林开始重新活跃在政治活动上，不仅单纯地组织相关方面演讲，还参加了科学社会责任学院，尤其是他重新签署了一份请愿书，希望他们承认已经违背了美国的宪法，他还积极组织美国人成立自由公民委员会，后来他被请到了华盛顿，在国会小组面前讲述了自己曾在护照上受到的阻挠。

鲍林在赫明斯领导的小组委员会上痛斥有关部门的种种问题，鲍林的名字也一再出现在报纸上，但是后来有人认为他的证词太过偏激。

加州理工学院董事会因为这件事对他有了抱怨，但是在他公开的咆哮之后，先后有两位校董辞职，可还是有人带头要求辞退鲍林。而杜布里奇一边支持鲍林的做法，一边在暗地里向他施压。

鲍林的朋友听说此事后，一再在公众面前赞扬鲍林的精神。但鲍林已经对一切都司空见惯了，不管杜布里奇怎么施压，在任何地方他都坚持自己的言论。他还劝说年轻人要做科学方面的事。

鲍林就这样一直为了和平和取消核试验而坚持不懈地努力着。

2. 先天性缺陷

虽然在政治活动上，鲍林一直都很繁忙，但他从来没放弃过自己的科学研究。他和科里一起进行蛋白质结构的课题，他们成功地在双螺旋结构的每队碱基上增加了一条氢键，同时他们对实验室进行最后的装备。

在鲍林的科学生涯里，他一直想要将化学用到生物学研究中去，他已经成功地利用分子型疾病模型来解释镰状细胞贫血症，他一直都在努力寻找攻克癌症的方法，曾经有人提议颁发一个关于生物医学的诺贝尔奖给他。

1955年夏天，鲍林终于找到了自己可以做的事，在他认真读了有关大脑生理的资料之后，发现有一种少见的生化缺陷的疾病，这种病就是后来的苯丙酮尿症。

鲍林注意到这种疾病是因为缺少一种酶引起的，实际上这也是一种分子型疾病，这也是他寻找研究工作的一个切入点，他希望可以将这种缺失的酶分离，再进行专门的研究。

当鲍林发现苯丙酮尿症可以将一种特殊的酶和严重的认知障碍性疾病联系起来后，他开始去医疗中心向权威请教，他提供了一个新的想法，如果利用他提出的分子型疾病模型，很有可能对大脑工作的机理做出重大的发现，但是并没有人根据他的思想做过试验。

鲍林在表弟的安排下和几位精神病专家见了面，鲍林的这次访问给他提供了很多新的思考，当他看到那些有智力障碍的孩子们时，心里很不是滋味，他知道这种病是因为双螺旋受到了损害或者是因为酶功能失调引发的。他知道自己也许可以通过研究和治疗预防其中的几种疾病。

人们经常称这类病人为先天性白痴，医生告诉鲍林，这种病很有可能是从父母那里遗传下来的，但也许他们的父母是正常的，但是从某些特定的器官上也可以将他们区分出来，这方面的研究也许可以开拓出新领域。同时医院里的几百个先天性白痴，有14人患有苯丙酮尿症。

鲍林在经过不到一个月时间的拜访，决定申请80万美元进行系统的研究，但最终他的申请没有通过，不过福特基金会愿意为他提供为期五年总额为45万美元的资助，有了这些钱，鲍林不仅在化学上为新的领域做出了开创性的努力，而且让加州理工学院化学和化学工程在全世界成为最有眼光的学院。

学校里的老师和学生都很相信鲍林的眼光，唯独一些老教授持有讽刺心态，他们不明白一个化学界的科学家为什么要参与到医学界的科研中去，不仅占用了新实验室的所有设备，还雇用了一些只是服帖为他工作的人，但他们认为其中杰克·罗伯茨还是可以相处的新人。

杜布里奇也听到了化学系内部的抱怨，他并不反对鲍林有关精神病的研究，只是担心他在化学的道路上越走越远，他已经偏离了正常的化学物理研究轨道。1956年5月，鲍林在一次有关精神病的会议上，大胆假设大多数精神病源来自于化学。

校董事会对于鲍林的观点并不敢完全否认，但是他在政治活动上的表现，让他们十分不满意，尤其是关于放射性尘埃会对人身体产生影响的说法，大大有悖于国家科学院调查组得出的结论。

鲍林在经过了详细的试验之后，肯定了自己的观点，鲍林的名字又多次出现在了各大报纸上，因为曾经有名妇女在电话里给他提供了很多有价值的资料，他在《时代—繁荣报》上登出了他试验得出的结果及数据，又提醒有关记者关注受到影响地区的发病率，这一内容最后在全国性的媒体上进行了报道。

很多科学家在国家科学院的压力下都只承认放射性尘埃虽然有危害但并不严重，在他们眼里鲍林不过是在哗众取宠，但在支持他观点的人们眼里，他却是个大英雄。

那些极力主张增加国防经费的主战派为了得到公众支持，不仅掩盖了放射性尘埃的危险，而且大力鼓吹没有武力支持的美国后果会很令人担忧。为了增加他们言论的可信性，他们宣称只有美英两国可以遏制苏联的部队，如果美国放弃了核试验，那么全世界都面临危险。

这一系列的宣传还是很有效的,他们成功地把反核武器的人和反美联系了起来,在政府施加的压力下,那些曾经坚决反核武器的科学家都停止了他们的言论,这让鲍林很失望。

虽然很多人退缩了,但是鲍林依然在坚持,他继续到处去演讲,并通过更多渠道宣传自己的观点,许多相关人员开始对鲍林进行攻击,但是他一点都不在乎,到目前为止,并没有一个人指出鲍林对于核试验做出的数据是错误的,只要有一丝希望,他就一定会坚持下去。

3. 为和平请愿

1957年的一年时间,鲍林一直都很忙碌,不停地接受各机构发给他去讲学的邀请,他还获得了各方面授予他的奖励和出席各式各样的活动。同时他还在修改《化学键本质》这本书,并准备在夏天的时候再次出访欧洲。

鲍林从来没有停止过呼吁放弃核武器试验的主张,不止他自己,全世界有良知的科学家也开始在各地采取禁试方面的行动。

他们的呼吁得到了英国原子委员会的支持,他们在报告里再次验证了鲍林的观点。而美国的原子委员会却希望鲍林能告知他们准确数据的出处,好让他们知道到底哪里出了错,可是鲍林的回答很敷衍。

鲍林知道因为先前的数据都还停留在初级阶段,很大程度上都会被做出不同的解释。为了能引起全国人民的再次注意,他不厌其烦地通过各种途径宣传他的观点。

可原子委员会却一直强调他们的观点，虽然会有危害，但是涉及的范围很小。事实上他们两方的观点都是正确的，因为鲍林的数据只是估计，大部分美国人都还不赞成禁止核试验。但是到了1956年，有三分之二的人觉得如果其他国家同意，那么可以禁试。

鲍林觉得公众的思想开始转变，他进一步加大宣传的力度，他将疾病和放射性尘埃结合在一起进行分析，并表示也许他出生得太早，可能无法看到以后科学的强大，人类可以真正解放。

之后，鲍林和其他人一起拟订了一个计划。虽然全球科学家已经达成了共识，但是在政府的压力下并没有人敢真正说话，而且政府的言论给公众心里造成了错误。

鲍林最后采用了比较温和的请愿手段呼吁停止核试验。其中他再次重申了核扩散的危害，并且建议所有的科学家都能行动起来，大家一起签订一份关于全面禁试的国际协议。

那天之后，鲍林这些人大量地邮寄原稿，希望可以在短时间里得到更多有名望的科学家们的支持，虽然有些学者认为科学家应该避免表态，但在6月3日，鲍林还是向媒体和联合国以及艾森豪威尔总统发表了请愿书。

这也许是十多年前在原子用于军事问题之后，得到最多科学家支持的事。当大家对于这突发事件还没有弄清楚时，鲍林已经开始在各大媒体上宣称放射性尘埃将会影响到之后的20年。

虽然他的行为得到了很多人的支持，但是也有很多人怀疑他发表请愿书的目的。尤其是很多科学家放下了自己的研究来参与这件事，让美国政府和一些保守派认为他们是受到了共产党的控制。而鲍林本人也受到了不少人的质疑。

鲍林的这次行动在众议院会议上受到了诋毁。他被传唤，并要求他提供不是受共产党指使的证据，原本鲍林很愿意在这样的场合给他们一些教训，但是最后因为参议员禁止国内安全委员会插手，这个案子就被一直拖了下去。

有几位资深的科学家认为，在鲍林请愿书上签字的科学家并没有几个人是内行，鲍林对此做出了反击。但是利比一再表示，如果美国停止了核武器的研究，那么带来的灾难远远大过放射性尘埃的危险。

11日，鲍林准备去欧洲再次进行反攻，并表示这次会拿出一份全世界科学家签名的请愿书。在伦敦，苏联和美国开始心平气和地商讨禁试的事宜，而公众也开始偏向鲍林这一边，在他心里，1975年夏天，也许可以完成一项禁试的协议。

鲍林出访苏联成了欧洲之行的一个高潮。他在国际生物化学会议上一直是发言人，不仅简要介绍了遗传学理论更批判了李森科的思想。同时他做了一些专门的学术报告和演讲，并发表了反对核试验的言论。在鲍林眼里俄国人更像是美国西部人，不过他们比美国人更渴望和平。

鲍林发现这里的人们都很友善，而且科学家是最受人们尊重的职业。不过他的访问还是带有官方性质，没有人请他去一些和他研究的项目有关的地方去看看。等他秋天回到美国的时候，什么都不同了。

在他去苏联期间，有"氢弹之父"之称的爱德华德·特勒出面称只有强大的武器才能让全世界真正解放，为了创造出完全没有放射性尘埃的武器，必须要进行更多的试验，才能在四年到五年内彻底做到完美。

这一年的夏天，特勒的观点似乎取得了不错的效果。在伦敦进行的谈判完全破裂之后，公众的视线开始转向别的地方，不再关注核试验问题。

等到了秋天,开始有其他的国家进行核试验,而最让美国痛心的是苏联先一步造出了卫星,这一发明导致军备竞赛状况加剧。1958年,美国宣布要进行一系列的重要试验。

鲍林对于人们对核试验的态度感到失望,他开始着手准备进一步采取行动,但是很多杂志都拒绝刊登他的文章。他并没有气馁,继续在全世界范围内进行反核武器的请愿。1957年,鲍林收到了很多科学家的签名,但是他觉得还不够,他希望48个国家中每个国家可以至少有一名科学家愿意签名。

到了1958年,鲍林征集到了43个国家九千多人的签名,还有些科学家认为他的行为会失败而没有签上自己的名字。但是鲍林坚信这份请愿书完全可以让世界的注意力转回到禁试问题上来。

1958年1月13日,鲍林趁着自己在为诺贝尔奖得主举行的宴会上,将这份请愿书交给了联合国秘书长哈马萨尔德,同时还举行了新闻发布会,向全世界表达了科学家们的愿望。鲍林的努力终于有了回报,他不仅进一步增强了全球学术界人们的团结,更让这一观点成为议论的主题,并为这一活动注入了新的勇气和希望。

第十一章 人生分岔口

为了世界和平而做出的努力也是一种科学研究。

——鲍林

1. 公开论战

在一些人看来，鲍林是个危险人物，他们一再质疑鲍林的行为。但特勒在报纸上发表的有关继续研究核武器的文章，让鲍林很愤怒，回应他只会装腔作势，根本拿不出证据。

鲍林对他还是有所了解的，不仅固执，而且脾气暴躁，一再鼓吹继续研究核武器带来的好处，而且看不起要求和平的人。他们两个开始互不相让，在1958年春天，开始了激烈的舌战。

在一家演播室他们开始了争论，鲍林首先从气势上就先压过了特勒。鲍林对于他发表的文章进行了指责，但特勒的回应却是，如果想要让美国强大起来，制造核武器刻不容缓，只有付出了才会有回报。

特勒的冷静和机敏是鲍林没有想到的，鲍林开始有些紧张，甚至犯了战术性错误。鲍林指出特勒也曾出具一个数字来证明放射性危害程度，但是特勒却抓住这一点，进行了无懈可击的辩论，让鲍林开始招架不住。

辩论会在以特勒自己的方式赢得初步的胜利后结束。而鲍林也意识到特勒是个极力主张战争的战争狂，从此以后鲍林拒绝和特勒进行正面交锋，认为他的手段不纯粹。

在报刊上，鲍林也并不处于优势，不得已鲍林想要通过写书的方式，把关于核武器有关方面的知识展现给大家，他废寝忘食整整写了两个星期。

《不再战争！》这本书开头几章是关于他自己的讲义，还有对一些化学反应和生成的解释和详细资料，书写到一半，鲍林就开始批判那些鼓动派，认为他们发表了许多误导性声明。

鲍林在书中对特勒和利比的发言着重进行了批判，觉得他们的话不仅没有科学证据，而且荒唐可笑。在结尾鲍林质问他们"不要杀戮"的概念到底是什么，并希望美国政府可以用其他的方法来实现和平。

由于之前的基尼岛爆炸事件产生的后遗症越来越明显，公众开始再次倾向鲍林这边。欧洲和日本的反核武器活动也揭竿而起，这让美国政府开始感受到了新的压力。

鲍林在完成书稿之后，还希望能通过新的方法可以促使禁试成功。维生素C的发现者森特·哲尔吉写信给鲍林，希望可以在全世界范围内召开科学家高峰会，为争取和平做出第一步，鲍林很赞成这个想法。

在得知美国想要将核武器装备在潜艇上之后，森特迫切希望建立科学议会。而鲍林和罗素等一些科学家一直有联系，在1957年夏天，他们召开了第一次世界性会议，可惜鲍林因为人在欧洲没能到场，但1958年他们一起在维也纳召开了第二次会议。

1958年3月，苏联开始呼吁禁试，鲍林和会议代表也联名上书要求停止一切预定好的试验。他们采用了一种独特的法律手段，希望所有在进行核试验的国家停止试验。

鲍林他们这样做的目的无非是要引起公众的注意，所以对于来自各方面的指责和嘲笑，他并不感到愤怒，因为反核武器的力量越来越大，对他的指责就越来越没有说服力。

1958年4月初，鲍林在比利发表的一篇演说中发现了可以造成放射性尘埃污染的同位素碳14，这种物质泄漏出来的数量不仅对将来会造成威胁，更会增加遗传变异的速度。鲍林急忙将其产生的长远影响算了出来。

4月28日，鲍林在记者招待会上宣布了这种物质会给人造成的后果。比利对此很生气，他和一家报刊同时进行了反驳，认为鲍林的数字根本没有经过认真计算，同时他的人品也遭到了质疑。

2. 无奈辞职

鲍林也意识到自己犯了错误，在经过重新修改之后，这份新的数据也与六个月后原子能委员会偷偷发表的报告上给出的数据十分吻合。但是鲍林的信誉还是遭到了损害，很长时间让人们回避他对碳14做出的正确数据。

1958年5月11日，鲍林参加了《与记者见面》的节目，原本他是想趁机说明自己对放射尘埃的看法，但是在节目中他遭到了记者们的质疑，一切都围绕着他和共产党的关系来展开，根本没有让他讲几句实质性的话。鲍林很气愤，认为这次录制不是公共事务性节目，而是对他的审讯。

杜布里奇在看完节目之后，觉得再也没办法维护他了。鲍林在获奖以后开始变得"不务正业"，不仅在政治上不受欢迎，就连校董事会也因为他变得不团结。杜布里奇和鲍林之后的关系也越来越坏，并不是不赞成鲍林的立场，只是觉得他用错了策略。

学校教授对他都十分有意见，前后有三位校董因为对他不满而辞职，其中约翰·麦科恩的反应最为强烈。1958年，当杜布里奇听说他将继任新的原子能委员会主席，之后为了业务上的联系，终于采取了行动。

6月初，杜布里奇请鲍林到自己的办公室。他没有拐弯抹角，他要求鲍林收敛自己的活动，因为他要向董事会做出交代，但是鲍林很坚决地拒绝了。杜布里奇不得已同意了他曾经提出要辞去系主任职务的要求。

6月10日，他写信给杜布里奇，表达了自己对他和董事会的感谢之情，并表示希望可以继续在学校里愉快地工作。他觉得自己摆脱了行政事务，可以有更多的时间去为了和平的事业奋斗。

不过没多久，鲍林却说因为他被要求辞去了系主任的职务，也就代表他已经辞职了。

鲍林没有承认自己是被迫辞职，但是大家都知道是怎么回事。杜布里奇让恩斯特·斯威夫特接手了一切。他看不起鲍林冷落其他学科的做法，在重新划分试验场地时，故意缩小了鲍林的占地面积，鲍林的待遇也降低了。

鲍林根本不在乎这些，认为他这种做法很丢脸，这根本就是因为自己的政治观点受到的惩罚。但在外人面前从来不会表现出任何的不满，他坚信真正的男子汉不会怨天尤人。

即使是在辞职后，鲍林也并没有停止他争取和平的活动。他不仅到处演讲上电视节目，而且还收到不同人的求助信件，甚至有些夸张的人写信给他讲述自己的发现。

3. 最大争议

鲍林还不断收到各国的邀请信，希望他可以去讲学并成为他们的名誉会员。鲍林开始婉言拒绝，不再参加任何有关政治的活动，更不希望接受任何团体闲职，他想有自己的活动自由。

1958年6月份，鲍林被授予苏联科学院院士，这是苏联最高的荣誉。他知道这里面还有政治含义是无法忽略的。虽然有特勒和原子委员会的坚持，但由于艾森豪威尔希望在离开政坛前做一些事来推进世界和平，他开始改变了初衷。

夏天刚到来，出于种种原因美国突然同意了禁试谈判。7月的时候，在日内瓦召开的有关专家会议上，大家在技术研究核查上统一了意见。

8月下旬，会议那边传来好消息，要甄别哪个国家做出欺诈行为很容易，美英两国在完成了一系列新试验之后也同意停止核试验一年，不过提出的条件是苏联也必须停止。

美国政府的转变正值鲍林的书出版，虽然他是希望这本书可以产生轰动效应，但是并没有影响政府态度的转变，虽然这本书得到了好评，但书的销量并不好。最后鲍林自己买了几百本送给了在这次禁试活动上的相关人士，甚至还在学校的办公桌上也放了几本。

虽然鲍林在这件事上出了不少力，但他依旧是个有争议的人物。在8月底抵达英国后，他希望不仅能出席学术会议，同时能够为自己的新书做宣传。但是英国移民局却希望鲍林早点儿离开，在鲍林和罗素设法将这件事曝光之后，鲍林反而成为集会上最惹人瞩目的名人。

鲍林希望自己的演讲是完美的，他先讲了自己所希望看到的世界，又讲述了自己感兴趣的几项研究，还谈到了他涉及的其他事业等方面的发展。不过他还是将从试验中得出的有关核武器带来的危害公布于众，让听众愤怒。他还指责美国不负责任的行为，而政治家和外交家的思想都还停留在一个旧世界里。

而他在政治上希望在国际事务上，各国可以找到一个正确且公正的方法解决，并能用道德、正义和人道主义来规范自己的行为。最后他表明自己出生在一个伟大的祖国，希望美国可以在处理事务的时候将道德放在首位。

鲍林在人们眼中的形象和美国漫画式形象形成了鲜明的对照，他不管美国政府怎么对待他，都一定要将真理讲出来，再加上他那些政治演讲在全世界产生了影响，所到之处都受到了前所未有的欢迎。

和英国移民局发生的摩擦，是他这一生在公共场合碰到的最后一次不愉快事件。在美国官方政策向禁试倾斜后，虽然联邦调查局和参议院国内安全小组并没有放弃对他的监视和调查，但经过12年的调查之后，鲍林终于从黑名单上被删去了。

1958年10月，日内瓦禁试谈判开始之前，三个核国家都抓紧时间进行核试验，在10个月时间里，放出来的放射性含量是第二次世界大战以来核试验总数的1/3。联合国一个专家委员会核对出的结果也证实了鲍林先前的发现结果。

谈判开始的时候，因为之前核试验生成的放射性烟云还是让公众惶恐不安。鲍林知道以特勒为首的鼓动派还在主张复试，只有公众不断地施压才能让这次谈判不再谈崩。而他也在积极地和那些鼓动派进行交锋。

日内瓦的谈判一直持续到第二年春，这段时间里鲍林一直在全世界各地宣传放射性尘埃造成的危害，而原子能委员会在此时所做出的反应却遭到了人们的质疑。有人开始要求撤销原子能委员会在公众健康方面的职责，而鲍林也很快就提交了这一建议。

越来越多的人加入到反对核武器的队伍中去，鲍林等人的热情也日渐高涨。鲍林在举行的健全和政策全国委员会的集会上，发布了这次核试验造成的巨大危害，并认为原子能委员会提出的观点不仅可笑而且他们属于一个反复无常的机构。

鲍林对于辞去系主任一职不再介意，他有了更多时间可以去为和平事业做贡献，而他也感到非常自豪，因为他曾经提出的一些建议不再让政府反感，在一年以后成为政府政策的一部分。

第十二章 为了和平而战

> 绝对不会为了自己的安危去出卖其他人。
>
> ——鲍林

1. 对现实有些失望

鲍林这些年见到过许多大人物，但是他却想在1959年夏天实现见到世界上和平与道德都最为有力的捍卫者施韦策的愿望。

施韦策曾在第二次世界大战之前用了整整35年时间在一家丛林原始医院默默工作。战争结束之后，他的自我牺牲精神才引起人们的注意，在一夜之间他成为人们眼里的大英雄。而在1952年他获得诺贝尔和平奖以后，他被人们称为最伟大的欧洲人，有他在鲍林的请愿书上签名，能够抵上成千上万普通人的签名。

鲍林在请愿书事情之后和施韦策一直有联系，他曾希望鲍林可以来非洲访问，而鲍林认为他会是继爱因斯坦之后的圣人。7月，鲍林夫妇经过了一番折腾之后，终于来到了施韦策所在的医院。

鲍林夫妇觉得这里的风景很美，但是环境却很乱，他们在一个茅舍里住下来，并在这里整整住了一个星期，由施韦策的助手做向导，参观了简陋的医院，并和医院的工作人员交谈。这里也常常会有名人来访，但是施韦策总假装听不懂英语躲避无聊的闲谈。

而鲍林夫妇和他们不一样，他们根本不介意这里的脏乱，一直和工作人员在一起。可是爱娃发现白人和黑人总是分开吃饭，然后再聚在一起听施韦策讲宗教，后来鲍林还在饭后讲解了镰状细胞贫血症，给大家留下了很深刻的印象。

施韦策和鲍林总是私下交流，他们在很多方面都拥有相同的看法。但是后来他们在施韦策的办事方法和办事态度上终于确认，他并不是一个完美的人，更不够格成为鲍林想要找的爱因斯坦那样父亲式的人物。

鲍林夫妇又从非洲去广岛参加第五届禁止原子弹和氢弹世界大会，鲍林用简洁的方式概括了大会所关心的问题，希望可以让公众更容易理解，可惜他的倡议并没有得到所有人的响应。在大会上出现了吵吵闹闹的场面，有人指责他的语言不够尖锐，最后他不得不用折中的方法，点名谴责了美日的行为。

有两年，鲍林并没有进行科学研究，他把全部心思都放在了与核武器有关的内容上。很多主流报刊陆续刊登了鲍林和其他科学家的观点，但还是在某种程度上认定了鲍林在数字上估计过高。不管怎样，一系列的报告还是有了共同的结论，就是放射性尘埃有危害，应该立即停止。

鲍林夫妇希望可以让禁试活动继续下去。在全国范围进行演讲的过程中，爱娃也开始发表自己的演说，原本只是为了分担鲍林的工作，最后她也受到了邀请，成为为数不多能公开论述政治的妇女之一，并受到了热烈的欢迎。

两个人开始各忙各的，每一次见面总是很匆匆。不管他们走到哪里，演讲的内容都是有关核武器和裁军的问题。

1959年，因为特勒提出的大洞理论，而让日内瓦禁试谈判开始走向破裂。虽然大洞理论可以行得通，但是却因需要昂贵的资金而显得不现实，特勒的理论让谈判遇到了很严重的障碍。苏联已经通过大洞论避开了核查人员的调查，而他们现在要求增加核查员人数和在本国建立观测站数目，这是苏联绝对不允许的。

虽然谈判在断续进行，但是之前各方同意延长两个月禁试期根本来解决不了问题，美国在1959年底，宣布自愿暂停试验期结束。

鲍林过了一个令他沮丧的新年，虽然1月会重新进行日内瓦谈判，但是因为大洞论的出现，1960年的议题已经开始转向部分禁试。鲍林他们全面禁试的目的到了最后还是泡汤了。

2. 意外失踪

年末，鲍林最后一个朋友理查德·李普曼突然发病去世，时年47岁。在友人英年去世和禁试谈判破裂而双重打击下，鲍林几乎一蹶不振，于是鲍林和爱娃决定在大苏尔牧场度过一段时间，舒缓一下情绪。

13日清晨，天气晴朗，鲍林跟爱娃说自己想一个人出去走走，可是他一直到天色很晚都没有回来，爱娃开始变得焦急起来，到处寻找。找遍了农场的每一个角落都没有发现鲍林的身影，于是爱娃向外界求助，报告了她丈夫失踪的事。

一个小时之后，很多人去山坡上寻找，但都没有任何线索。第二天，鲍林失踪的消息得到了更多人的关注，很多记者都从旧金山赶过来，但是其中一个性急的记者因为没有听清护林员的话，就打电话谎称鲍林已经死亡。当有人看到电视台发出的消息后，告诉了鲍林家人这一不幸的消息。

鲍林在黑暗中听到了人们喊他的声音，可夹在山崖上无法移动的鲍林，其声音被风吹到了大海的另一边，而鲍林也感觉到自己处在一个很不安全的环境里。

鲍林只能沿着一条路径往前，但最后却不得不在悬空的岩石上停下来。他发现自己走到了名叫油滑石的石头上，石头开始向悬崖边滑动,最终他用手杖插进了岩屑堆,才使岩石停止滑动。他很想爬下这块石头,但是只要他一动岩石就会再滑动,没办法,鲍林只能在原来的地方停止不动。

已经晚上了,鲍林还是小心翼翼地待在岩石上,虽然搜寻人员来过这里,但是因为角度和方向问题,他没有被发现。鲍林感到从未有过的害怕,为了保持清醒状态,他开始给自己做讲座,顺便活动四肢,最后他还背诵了元素周期表。

到了第二天中午,人们终于发现了他,但因为受惊过度,他精神一直处于疲惫状态,可是他尽量不让人们发现他的惊慌,经过了两天时间,鲍林终于离开了这个地方。他在吃过午饭之后开始慢慢恢复,并准备第二天回学校上课。他知道自己让爱娃很担心,在第一时间就用无线电告诉家人,自己一切平安。

当鲍林回到学校受到热烈欢迎后,他却决定取消当天所有的事务,当他的女婿发现鲍林有些不对劲时,立马带他回了家。最后保健医生对大家说,鲍林只是受到了惊吓,休息几天就会好的。

鲍林度过了最传奇的几天,在这段时间里,只有他外孙来看他的时候,他失声大哭,这也许是他人生中最脆弱的时刻。在悬崖上的那一夜,鲍林从父亲去世想到了现在的经历,他的情感和人格受到了严重的侮辱,但是他从来没在别人面前表现过自己的感情,但在悬崖上他的苦水一下涌了出来。

在经过了情绪上的宣泄之后,他的心情开始逐渐平复,这次意外也同时给了他一个休息的机会。在之后的几个星期,他开始恢复正常生活,并考虑准备几个重要的报告。

2月13日,因为法国是加入原子俱乐部的第四个国家,苏联人宣布他们立即撤销之前遵守不进行核试验的保证,鲍林在遇险之后第一次出现在了公众场合。为了对付突如其来的形势,鲍林开始全身心投入到新的演讲和宣传活动中去。

日内瓦会议在几个月的时间里似乎得到了一些进展。5月东西方首脑在巴黎举行的最高会议上，艾森豪威尔下定决心准备在卸任前签署一个文件，所以很有希望可以消除掉最后的几个障碍。

但是到了5月初，因为苏联击落了美国最高机密U-2型飞机后，巴黎高峰会议协议的最后签订再也没有任何机会。而反动派又趁机大肆宣传核武器的重要性，公众的舆论再次开始摇摆。

飞机事件证明了美国并没有真心想要禁试。鲍林的演讲开始不再只是针对核武器，还有特勒为首的鼓动派。5月中旬，鲍林夫妇去伯克利准备发表更多的演说，但是他们却在电台听说警察对示威人员进行了暴力攻击，这一场面也让美国公众很震惊。

鲍林对这件事反应很激烈，他在一次集会上发表演说之后，还和爱娃一起加入了很多抗议者组成的纠察队。他在很多演讲中肯定了美国学生的觉悟，觉得这是一件值得鼓舞的事。

3. 发起反击

6月，鲍林开始在东海岸巡回活动。在华盛顿演讲时，他收到了一封来自参议院的传票，鲍林当然知道是为了什么事，但是为了不成为他们的战利品，就一定要提前反击。鲍林在第一时间找来了自己的律师威尔。

在听证会上，不管托德和参议院安全小组成员对鲍林如何进行威逼利诱，都没能让鲍林说出他们想得到的答案。而他们的行为也激怒了很多和平人士，他们纷纷写信指责小组委员会的行为。在律师的帮助下，听证会被推迟了10个月。

鲍林不仅继续在各地进行演说，而且先后在世界各国和大使就禁试谈判问题进行私人会谈，他们在大使那里看到了希望。

8月鲍林回国之后，他起诉了这个小组委员会，希望法官可以认定他有权拒绝他们的要求，但是最后法官决定对于鲍林的起诉不予受理，鲍林不服这一决定，要求上诉。

鲍林还运用公众舆论给这个小组委员会施压，这使托德疲惫不堪，他不仅要应付外界的责问，还得准备和鲍林打持久战。在听证会上，鲍林发现托德故意提出一些问题来误导公众，让人觉得好笑的是，他们还更改过自己的证词。

鲍林再次举行发布会，指控这个小组委员会对自己进行的政治骚扰，并认为他们的行为是在给美国丢脸。托德决定不能再受鲍林的气，他准备要拿出一份过硬的材料证明鲍林就是共产党。

在第二次听证会开始之前，鲍林和他的支持者都登报，要求托德立即停止这种可笑的行为，而托德却向能影响公众舆论的人寄去了6月份的书面记录。

听证会在10月11日举行，虽然旁听者人数众多，但是小组委员会那边只有托德一个人。在宣布开会后，他要先宣读了一份长达12页的声明，但读到一半的时候就要求将其余部分先记录在案。之后他转入实质性提问，他先问鲍林有没有带所需签名的原件，鲍林将东西拿了出来。

在会上鲍林坚持不交出散发请愿书的人的名单，托德并没有纠缠这个问题，反而是在和共产党的关系上反复查问。在下午的提问中，他们的问题变得荒唐可笑，一直围绕在签名科学家的背景上。这显示鲍林是在接受调查，但是大家心里都清楚他根本不需要审查。

威林拿到了托德12页的声明才发现后面全是对鲍林的正面攻击，而且他们利用中午的时间已经向媒体发布了这份声明。明显托德是想鲍林为自己辩护，好引起公众的怀疑。

经过了5个小时，这场闹剧终于收场，在托德和鲍林说话时，鲍林直接采取了无视他的做法。鲍林在这场战争中算是取得了胜利，公众和媒体似乎不再理会托德的指控。在肯尼迪争夺白宫竞选胜利之后，针对鲍林举行的听证会也成了历史。

鲍林的坚定让他成了人人追捧的大英雄，很多人都开始支持鲍林的抗争精神，更有上千学生签了一份请愿书，让鲍林很感动。

鲍林在这次战斗中取得了胜利，但是这期间他人格受到了莫大的侮辱。鲍林开始继续到处演讲，并出现在电视上，指控包括托德在内的一些调查委员会，并认为他们都是混蛋。

鲍林实在弄不清楚为什么托德一直揪着他不放，但是他还是决定要和他们周旋到底。托德之后给出的一份报告中再次重申了鲍林的行为。鲍林这一次不仅责问托德，而且还要求支持托德言论的报社对他进行赔偿。

再经历过那么多事之后，鲍林开始日渐消瘦，对于来自各地的批评和反对声音也越来越敏感。他不仅得罪了不少以前和平事业里的盟友，还与曾经他一直帮过的报刊断了联系，最后还和普格瓦什会议的组织者们闹翻了。

鲍林的改变也在某种程度上受到了爱娃的影响。他总是认为科学家不应该利用自己的才能在国防上敛财，可是并没有几个人真的能做到和他本人一样。

虽然鲍林变得越来越让人难以捉摸，但是他依然是受人欢迎的发言人。1960年，他被提名为理性主义者，还被《时代》作为封面人物刊登。1961年更被评为"年度人物"的科学家。

4. 呼吁和平

鲍林不太喜欢肯尼迪这位新总统，但是在肯尼迪愿意为了日内瓦谈判做努力后，鲍林还是在一定程度上接受了他。

虽然一切都开始往好的方面发展，但鲍林还是认为有必要向政府继续施压。他看到越来越多的国家开始研制属于本国的核武器，这并不是一个好的兆头。

1961年初，鲍林决定为了制止核武器扩散展开新的请愿活动。在其他人的帮助下，他开始呼吁大家要联合起来，并起草了请愿书，寄发给之前签署过一份请愿书的科学家们。

短短一个月，他就收到了700多个签名，其中很多人在世界上都占有一席之地。在鲍林将这份请愿书交给哈马舍尔德之后，还向新闻界发了一份关于请愿书的详细资料。

在此之后，鲍林希望可以通过各国代表在本国征求更庞大的签名人数，这是一次前所未有的请愿活动。此时，北大西洋公约组织代表准备在奥斯陆开会讨论核武装问题。

但是，鲍林并不满足，他希望可以再开一次国际和平会议。他要让全世界人们都注意到这件事。再经过了详细的部署之后，鲍林还很开心地庆祝了自己的60岁生日。

虽然鲍林为了和平事业一直忙碌，但是他还是经过修订之后出版了《大学化学》，他有意再写一本关于分子学的书。可关于精神医学的研究，他还没有拿出什么值得让人研究的新成果。

关于大脑的功能，他一直都在寻找氙气能够成为麻醉剂的原因，经过了7年的不懈努力，鲍林终于找到了关于此说法最正确的解释，简单来说，氙气可以冻结大脑的活动，从而起到了麻醉作用。

在之后的一年里，鲍林还发现其他的元素同样有麻醉作用，这一切很可能和微晶有关。虽然没有找到强有力的证据说明，但是他还是决定将这一想法发表在《科学》杂志上，并抽出一部分人投入到这个课题上。

为了验证他的观点，鲍林的学生们进行了一系列的试验。但是结果证明鲍林的观点是正确时，他们又无法理解这一现象。

鲍林在其他方面并没有太大的进展，在《化学键的本质》第三版修订完成之后，不仅没有得到评论界的好评，反而招来了很多人的质疑。在几个记者提供的简单实例之后，鲍林承认自己的理论有偏差，之后开始准备第四版的修订。

可是因为鲍林对流行课题的成见，他明显感到已经在化学键方面落伍了，这让很多人都觉得很遗憾。

那年在奥斯陆举行的会议让鲍林很兴奋。参加的科学家来自世界各地，还有四名苏联代表。会上大家通过了呼吁所有国家停止互相扩散核武器等有关方面的问题，最后还举行了一次公众聚会公开了会议声明，会后很多学生与和平人士在街道上进行了火炬游行。

5. 肯尼迪

1961年9月，苏联和美国先后发表了关于本国继续核试验的公告。鲍林听到这消息之后，一刻都没有耽误就写信给他们，以人类的名义要求他们停止试验。赫鲁晓夫将一切推给了德国，肯尼迪则选择沉默。

在之后的三个月时间，苏联疯狂进行核试验，让鲍林不得不计划再次访问苏联。鲍林决定要用自己的方式告诉苏联，不是只有武力才能解决和平问题。

鲍林在申请签证的时候出现了一些小波折，但最后还是顺利将签证拿到手。他在11月底到达莫斯科，在出访期间，鲍林进行了多次学术报告，爱娃也得到了苏联传媒的肯定，只是他们一直没有见到赫鲁晓夫。

虽然美国民众忽略了他对苏联严厉的指责，却抓住他对肯尼迪的抗议不放，但是他还是很喜欢俄罗斯人的友好和务实。在听了他们对军备竞赛的解释后，才发现美国是这次竞赛的首要起因。

鲍林知道在对待美国政策问题上要严厉才是正道，对于指责苏联其实并不能起到很大的作用。11月下旬，日内瓦禁试谈判再次开始，但是双方都没有抱多大希望。

鲍林为了施压，更加努力地进行演说，有人开始拒绝他登台演讲，但他从来没想过要妥协。1962年开始，公众又一次偏向了复试，看着7年来的努力再次要泡汤，鲍林的情绪很低落。

3月2日，肯尼迪宣布恢复大气层核试验，这让对他曾抱有幻想的鲍林很失望。鲍林在第一时间发了电报给他，指责他的不道德行为，并质疑他同意制造核武器的目的。鲍林还在公共场合进行多次演讲，表达了他对美国政府的失望和愤怒。

鲍林这一次的演说没有得到公众的支持，大家都看到了肯尼迪为了可以减少放射性尘埃带来的危害，所做出的努力。甚至连原子能科学家协会也开始支持肯尼迪的决定，也许只有这样才能让苏联头脑清醒一些。

只有鲍林还一直坚持着反对意见，越来越多的人开始对他进行指责和质疑，但鲍林还是希望可以让肯尼迪重新考虑，可最终他发起的活动和演讲，都没有得到任何反响和支持。

肯尼迪在发表恢复大气层核试验之后的几天，举行了全国只有几百位最有创造性贡献的知识界人士才能参加的宴会，其中包括了鲍林夫妇。鲍林希望可以利用这次机会，让事情有所改变，但是他在宴会前一天在白宫外进行游行，让人觉得有些失态。

就在宴会举行的第二天，鲍林再次举行了白宫外的游行。在宴会上，肯尼迪夫妇用很幽默的方式向鲍林表达了他们的不满。

参加这次宴会的人，鲍林夫妇都认识，他们都小心翼翼地避开了敏感问题。在宴会快结束的时候，肯尼迪站起来向众人敬酒，并称这次聚会是他入选总统后最尊贵也是最重要的国宴。

在宴会即将结束，他们去东厅欣赏海明威的作品时，还举行了一个临时的舞会。而鲍林无疑是宴会上最瞩目的人物，他自认为别人对于他在白宫外和宴会上的表现是赞许的，却不知道很多人称他的行为是"疯子行动"。

但因为鲍林在白宫外曾手持标语牌质问复试的必要性，遗传学家马勒在很多杂志上不仅批评特勒低估放射性尘埃的危害，同时批评了鲍林主张美国单独禁试的行为。但这一举动却激怒了鲍林，在他们私下交换了一些信件之后，马勒觉得没必要再争论下去，并公开向鲍林道歉。

虽然鲍林澄清了事实，但却因此让人觉得他太过好斗，在同行的威信也开始下降，可他并不在乎。他开始同时控告苏联和美国复试的行径，并希望可以成立一个协调世界和平运动的组织。

只不过，鲍林所做的一切都没有促成任何事情发生，反而让自己处于两难之地。他弄不明白到底自己哪里出了错？

6. 默然离开

鲍林开始对遗传变异现象感兴趣，在经过了一系列的实验研究之后，鲍林发现了分子学过程进化，他们通过对不同动物提取血红蛋白进行对比。

1962年，鲍林和祖凯康德尔在研究中发现，血红蛋白可以作为生物钟，虽然鲍林也承认在很多变异中不是以稳定的速度发生，但是却能通过进化过程得到很多有利于揭示物种起源的信息。

他们的分子进化基本思想，让鲍林在一段时间里被推到了优生学争议的前沿，虽然他们不主张利用精子库生育父代不明的孩子，却提倡对不良基因的载体进行识别和控制。但鲍林对于优生学并不感兴趣，他希望可以用分子来探寻进化的踪迹。

在鲍林看来，分子钟就是对自己坚持了四十年的观点的一个证明，生命的起源就是分子之间的联系。

对于他的那些学说，斯威夫特一点儿都不关心，但是鲍林在工作之外的行为却让他很头疼，而鲍林手下的人，他更是看不起。斯威夫特请了很多正统的科学家，但为了不在自己退休前，让鲍林失去更多的实验室，最后把这个头疼的问题留给了下一任系主任。

杰克·罗伯茨在接任了系主任职务后，还是很婉转地从鲍林手里要来了几间实验室，但是鲍林对于罗伯茨的手段却很气愤，认为让他让出科学研究场地是对自己莫大的侮辱。

随着加州理工学院物理学家越来越多，鲍林的一些老朋友也相继离开，让他越来越觉得自己受到不公平的对待，可是只要是在公共场合，他从不说对学校不利的话。

鲍林想着是时候离开加州理工学院了，虽然在五年前他就计划着离开，但却不知道什么原因，被迫留到现在。

在发生了侵占实验室的事件之后，鲍林开始重新考虑这个问题，想到要和自己相处四十多年的同事和朋友告别，他心里并不好受，但现在到了不得不走的地步。

第二年，似乎事情开始有了转变。苏联和美国在古巴导弹危机中清醒意识到了危害，两国相继发表了禁试公告。8月5日，经过5年的断断续续的谈判，终于签订了一项禁试条约。9月24日，美国通过了条约，10月7日，肯尼迪正式在条约上签字。

10月11日，护林员通知在牧场用餐的鲍林夫妇说他们的女儿打来了电话。在电话里女儿告诉鲍林，他获得了诺贝尔和平奖，这是鲍林有生以来第一次感到意外的奖项。

第十三章　散去的阴霾

> 当自己的努力再次得到肯定，即使再艰难都值得。
>
> ——鲍林

1. 双料得主

　　鲍林再次获奖的消息让他又一次受到了人们的青睐，全国各大媒体都纷纷打电话向他祝贺，虽然这个奖项来得比较突然，但却依然让鲍林很兴奋。

　　鲍林并不是第一个获得和平奖的人，但是这次却受到了热烈追捧。很多记者围在鲍林夫妇身边，鲍林在发表了获奖感言和自己的看法后，很希望赶快结束这一切，让自己开始沉淀。

　　鲍林意识到自己这么多年所付出的努力终于有了回报，他认为自己是世界上唯一独享两次奖的人，不过他也同意很多人的看法，这个奖项应该是和爱娃一起共享的，对于这个说法爱娃很赞同。

　　鲍林在一次记者会上提到，虽然针对核武器演讲并不是他喜欢的事，但是出于道德和信念，他有义务要将这件事进行下去，而现在他获得了这个诺贝尔和平奖，就证明自己所做的一切都有价值。

　　这项奖给了鲍林一笔可观的奖金，让鲍林夫妇决定要建立一个现代化的新家，也促使鲍林更为坚决地要离开加州理工学院。

　　当地报刊登出杜布里奇对于鲍林获得和平奖后的看法，虽然肯定了鲍林多年来的付出，却也在侧面表达了对鲍林做法的否定，这让鲍林一家都很气愤，指责杜布里奇对鲍林的不公。

　　鲍林的研究组向鲍林纷纷表示祝贺，科里更是紧紧地和鲍林拥抱在一起。但化学系和学校却没有一丝要庆祝的迹象。

对于外界，虽然有些报刊对鲍林表示祝贺，但还是有些权威性报刊，对鲍林获奖持批评态度，认为肯尼迪更有资格获得这个奖项，更有报纸称鲍林获得此奖项是对美国的侮辱。这一言论遭到了鲍林对报社的鄙视。

原本该向他表达祝贺的团体并没有任何行动，让鲍林很受伤，他很不理解为什么大家会如此对待这件事，也正是如此，鲍林做出了决定，就此改变了自己的生活航向。

1962年10月18日，鲍林在自己的寓所召开记者会，宣布自己要离开加州理工学院，并一再否认是和学院出现问题。

鲍林在很久以前就通知罗伯茨会离开这里，很多不知内情的人曾试图劝鲍林留下，他本人也希望杜布里奇可以亲自出面留自己，但是杜布里奇却似乎很希望他离开一样，并没有做出任何挽留的举动。

学校里的大多数人都是从报纸上得知鲍林即将离开的消息。在最后一次化学系会议上，鲍林承诺，在他研究项目中心工作的人都会得到很好的照顾。就这样，鲍林消失了。

杜布里奇并没有太在意这件事，只是简单地和鲍林寒暄了几句。第二天，鲍林生物系的几位同事为鲍林举行了一个小型庆祝会，虽然大家都是开开心心的，但是每个人心里都是若有所失的感觉。

鲍林离职后，一直忙着搬家去圣巴巴拉，他还通知美国化学学会，自己要退出这个组织。虽然媒体给出的是消极反应，却让鲍林更加出名，甚至有人鼓励他去竞选总统或者是参议员。

鲍林始终是媒体最为关注的对象，在1963年4月下旬举行的纪念国家科学院百岁华诞庆祝大会上，鲍林再次抨击了肯尼迪花大价钱派人登月的事，这让大会主席很头疼，最后为了科学院的利益，鲍林决定暂时不再说任何话。

鲍林可以接受人们的鼓励，却不能受别人的指手画脚。就在他马上要迎来62岁生日的时候，他离开了自己奋斗四十多年的岗位，开始了新的生活。很多人都猜测离开了熟悉的领域，在以后的生活里，他将漂泊不定。

2. 差强人意

1963年下半年，鲍林夫妇一直很忙碌，一边在圣巴巴拉挑选自己喜欢的房子，一边还要找建筑师在自己鹿寓牧场建造新房子。而且还在准备12月份去挪威参加诺贝尔奖授奖仪式。

11月底，肯尼迪被暗杀，这让鲍林很痛惜，虽然两个人在国际政策上存在分歧，但是肯尼迪在签订禁试条约上还是起到了很重要的作用。

当鲍林夫妇到了奥斯陆时，很多记者和官员都来迎接，唯独少了美国官方代表，虽然他们借故在悼念总统，但是鲍林很清楚他们的冷战姿态，他根本无所谓。

鲍林在颁奖仪式上，表达了自己对同样做出贡献的科学家的感谢，同时还特别提到了爱娃对他在和平事业上的帮助。在庆典之后，鲍林一家还到其他国家进行了观光和旅行，并在奥斯陆和朋友一起度过了圣诞节。

1964年1月，鲍林一家飞回了纽约，罗素、施韦策等十几个和平使者为鲍林举行了庆祝会，参加活动的有很多国家的大使和官方代表。鲍林在那晚用自己的诺贝尔演说词将会议推向了高潮，并得到了持续不断的掌声。

鲍林已经上了年纪，在经过漫长的旅行后又参加了这样的会议，之后又不停地演讲和参加各种活动，他和爱娃终于累病了，等他们结束了旅程演讲后，两个人已经由感冒转为很严重的鼻炎。

2月份，他们夫妻回到了加利福尼亚，又开始了新的生活。搬家并不是一件轻松的事，前前后后很多东西都要进行整理，这让两个人都疲惫不堪。

诺贝尔奖风波已经过去了，可他们还是感觉到，这里一切都无法和洛杉矶相比。而民主制度研究中心和鲍林想象的也不一样，他原以为可以借助这个中心和中心人物帮自己实现多年奋斗的目标，但他却发现这根本无法实现。

在他们到达这里没多久就发现，这里的民主制度研究中心，只会进行口头上的言论。而鲍林除了从事政治活动，也想继续科研工作。这里没有可以进行试验的设备，也没有资助科研的先例。在鲍林申请资金被拒之后，鲍林便想到圣巴巴拉加州大学去兼职，但仍然遭到了校方的拒绝。

鲍林虽然成了圣巴巴拉的公民，但他依旧踏上了和平的旅程。爱娃此时也成了赫赫有名的和平运动人士。

鲍林目前的最大计划就是想要通过改变美国社会，使国家可以在各方面取得新进展。同时鲍林夫妇在去古巴旅行失败后，收集到了肯尼迪被杀的相关资料，此外，他把更多的时间放在了越南问题上。

在1964年进行的总统选举过程中，鲍林得到了2500张要他担任加利福尼亚州长的选票，这让鲍林夫妇都感受到了压力。在之后的两年时间，他们把关注的重点放在了越南战争上。鲍林谴责美国的政策，他希望可以借助全世界的力量，呼吁美国立即停火并寻求解决办法，但是美国白宫并没有理会他的建议。

鲍林现在的科学工具只有简单的文具，1965年夏天，他希望可以在原子核结构上找出新的理论，但结果却并不令人满意。

更令鲍林没有想到的是，拖了几年时间的案子要重新审理，虽然鲍林之前的很多案子都是以胜诉告终，也让很多报刊都变得小心翼翼，但是《国民评论》并没有丝毫收敛的意思。

经过了6个星期的辩论，最终法官宣判驳回了鲍林的诉讼请求，并要求他向《国民评论》支付一千美元的法律诉讼费。

后来鲍林又请了新的律师小组来上诉，但最终都没有改变结果。这也让《国民评论》对他大肆挖苦。这个案件之后，鲍林也再没有提起过名誉诽谤诉讼。

3. 结束漂泊

鲍林在接二连三的败诉之后，心情一直都不是很好，他决定要在科研上好好努力。

1966年底，鲍林夫妇一半的时间在热泉路家中度过，一半在大苏尔牧场的新家里度过。鲍林打算断了和民主制度研究中心的关系，把时间用在理论科学研究上。他开始有大把的时间在科研上天马行空。

1965年下半年，鲍林因为在朋友那儿看到有关维生素B的一种可以治疗精神病方面的资料，而产生了浓厚的兴趣，不过他还是对其中提到的一些问题感到不解。

在经过一个星期的反复思考后，他可以肯定烟酸是可以当作药物试用的,他开始考虑维生素是否也有这个作用。

没过几个月,鲍林收到了在获得卡尔·纽伯格奖的表彰大会上认识的欧文·斯通的来信。在信里斯通表示如果鲍林可以听他的劝告,他不仅可以再多活十五到二十年,再活五十年也不是不可能的。

斯通用自己的亲身经历向鲍林证明抗坏血酸不仅可以治疗各种病毒性疾病,而且还能用于心脏病和癌症,对于伤口的愈合也有很好的作用,而且他还劝鲍林每天服用1.5克的维生素C,这样可以预防伤风感冒之类的病毒性疾病。

鲍林对于斯通所提到的事并不相信,但是他的理论框架和自己的思想还是有共同之处的,他开始试着每天服用3克的维生素C。

很快效果就出现了,鲍林的伤风感冒现象越来越少,这让他和爱娃开始接受斯通的建议服用维生素C。他们夫妻俩觉得自己越来越有精神,多年的旧患被治愈,这让鲍林成了维生素C的信仰者。

三年的时间,鲍林只是根据自己的情况来验证维生素C是否有那么多的疗效,从来没想过要将自己的观点公布于众,他只希望可以将维生素C借用到对精神健康和维生素问题的研究中去。

鲍林这时正将兴趣集中在精神问题的生化机制上,他通过十几年前曾对精神障碍和苯丙酮尿症患者得到的研究加上烟酸的作用,为自己找到了新的理论——分子矫正精神病学。

在该理论中鲍林发现精神病多半是由反应速率失常引起的,他认定自己的理论错不了,他开始从一个新的角度开始考虑大脑运行的最佳方式。

而分子矫正不仅只有这些作用,他开始从大脑活动推广到人体健康所涉及的各个领域。鲍林需要一个实验室来验证自己的理论,圣巴巴拉无法满足他的需求,他开始希望借助其他地方的力量来完成。1967年9月，鲍林应加州大学圣地亚哥分校的邀请，去担任为期一年的访问教授。

但是由于政治原因，鲍林并没有成为圣地亚哥大学长期聘用的教授，他意识到这里也并非久留之地。

同年，鲍林出于对两大政党越南政策的厌恶，而加入了和平和自由党。在政治上，鲍林的言辞越来越激烈，这让加州大学校务委员会很看不惯。当他度过了67岁生日之后，在是否退休问题上，经过几个月的努力，他终于可以在学校多留一年。

1969年2月，鲍林正式宣布在该学年结束后，会去斯坦福大学任教。在5月因为一位伯克利学生被警察枪杀问题上，鲍林鼓励每一位学生和老师都应该站出来做斗争，这也成了他向加州大学校务委员们说再见的一种方式。

斯坦福大学成了鲍林目前最满意的学校，在私立学校他不会再碰到这样或者那样的麻烦，但因为经济问题，他不得不拿出自己一半的工资来支付相关人员的费用。

鲍林想着如果关于分子矫正的项目可以得到资助，那么情况就会慢慢好起来。他们夫妇在离校园5英里的山区，找到了和自己帕萨迪纳老房子很像的地方居住。

鲍林此刻才真正安心，终于结束了漂泊不定的日子，可以真正安顿下来，为了自己的科研项目而努力。

第十四章　有生之年

十年的质疑和伤害，都在最后画上了圆满的句号。

——鲍林

1. 身价百倍

鲍林对医生并没有多厌恶，只是不喜欢他们的工作方式，很多时候对他们都不是很尊重，医生对于他这样的病人，早就不在乎了。

其实在金钱上他对医生有偏见只是其中一个方面，更重要的是鲍林觉得他们并不能真正体会到他的研究成果的价值，也正是因为这一点，使鲍林决定在关于维生素C问题上展开一次公开的讨论。

1960年末，鲍林对于坏血酸的一切都是保持沉默的，但他后来发现维生素C有预防感冒的作用，虽然在专家的质疑下，他的进一步研究表明他的言论是错的，但是在统计学上还是有很大作用。

在这一过程中鲍林发现，很多报告中对于维生素C产生的功效从没有重视过，经过了多方考证之后，他不仅肯定维生素C可以预防感冒，在其他方面也有一定的疗效。

1970年初，鲍林决定把自己的发现公布于众。他认为维生素C物美价廉，最重要的是它可以让感冒得到缓解，如果能在全国或者是全世界广泛应用它，普通感冒也许可以从此彻底消失。

鲍林不仅想要减轻人们的痛苦，更想让自己的名声更响亮一些，3月1日，鲍林与出版社签订了一份协议，准备把自己的观点整理成册然后出版，在书中鲍林详细讲解了维生素C的作用，并将他找到的证据和其他学者设计的实验一一列举出来。

11月18日，鲍林将几份样稿送到了报社，一出版就引起了空前的争论，当记者问到为什么医生没有发现这一问题时，鲍林的回答让那些医生们很是反感，他们觉得一定要迅速做出回应。

书一出版就非常畅销，也让维生素C一夜之间身价百倍，鲍林著作的出版，让人们开始对纯天然物品进行追捧，几乎每一家商店都有了相关的物品出售。大小药店的维生素C都被抢空，有关人士认为这只是一时的抢购风潮。有关方面也称鲍林的言论纯粹是荒谬之谈，却反遭鲍林抨击。

医学界对鲍林的批评最为激烈，他们认为鲍林的书根本没有理论依据，只是为那些商家提供了便利条件，这让医生们感到担忧。虽然鲍林对于这些看法并没有任何反应，但是他决定要弄清楚，证明给大家看，并向医学界发出了挑战。

事情的根本原因还在于，鲍林本人并没有做过相关的测试，给出的一些事例研究范围都很狭隘，只是考虑到了维生素C一些片面的作用，并没有深入且详细地观察和了解过大量服用它会带来怎样的后果。

为了证明自己，鲍林发表了通俗读物，因此遭到了大批人士的抨击，他不再像是个严谨的科学家，更像是一个只能鼓吹的江湖郎中，他的理论始终和那些医生终生所学格格不入。很多人认为，他虽然是一个诺贝尔奖得主，但他同时也是一个上了年纪很固执，并且得了类似于老年性夸大狂一类疾病的老人。

鲍林在进行反攻的时候，一直强调自己并没有鼓吹和夸大，他只是想让人们减少痛苦。鲍林认为医生们只顾着挣钱，根本就不会真正为病人考虑。鲍林对于自己的发现深信不疑，他表示医生们应该多拿出时间做试验，而不是只会对自己进行言论攻击。

12月，鲍林的书的简装版正式上市后，维生素C的销量再次成了神话，但是其他人进行的相关试验中却发现，鲍林的观点是错误的。但鲍林却反驳说，因为在人为的情况下，实验结果会出现误差。虽然结果有些出人意外,但是鲍林还是为维生素C的光辉市场做出了巨大贡献。

虽然医学界一直对鲍林的观点持否定态度,但是在他收到的部分医务人员来信中,还是肯定了他的观点,甚至在科梅隆的来信中提到,维生素C远远超出了预防感冒的范围,对癌症也具有一定的控制和疗效。他毫不犹豫地表示对治疗癌症的乐观,正中了鲍林的心思。

两个人开始通过书信来往,鲍林很快断定科梅隆是一个值得信任的人,他有很丰富的治癌经验。但是科梅隆很快就开始怀疑起鲍林的观点,因为医院接二连三有病人在服用维生素C之后死亡。鲍林写信鼓励他要坚持,并提议他采用双盲试验,但是科梅隆拒绝了这个要求,认为这是没有道德的事。

鲍林劝说科梅隆发表有关维生素C和癌症问题的论文,并且为他整理了相关理论,系统地回顾了他多年来在治癌上取得的成绩,他们决定向《国家科学院学报》投稿,因为这家刊物是绝对会刊登的。

可是过了几个月,鲍林收到了这篇论文没有被采用的消息,他们认为这是有关医学方面的,主编本人虽然和鲍林关系很好,但是对于论文里所提到的观点,他个人认为是很不负责任的态度。

2. 私人研究所

事情发生之后,鲍林也没有了主意,在对论文进行低调处理后,他们又再次向《国家科学院学报》投稿,却又被告知退回。这一消息很快被其他杂志登出并转载,大家开始质疑鲍林的观点和书的内容。

最后在比较同情他们的编辑帮助下，这篇论文在《肿瘤学》被刊登出来。

鲍林并没有因为这件事进行反思，反而根据科梅隆不停提供给他的数据，更加认定自己的想法是对的，他现在需要做的事就是进一步研究证明。

1960年，阿特·鲁滨逊还只是一个年轻有为的大一新生，他清楚地知道鲍林在加州理工学院学生们的心目中，是一个富有传奇色彩的人物，他们认为鲍林就是上帝。两年之后，鲁滨逊成为鲍林的助理，他很高兴终于有机会和自己的偶像接触。

再次和鲍林合作是在20世纪60年代末，鲁滨逊已经是加利福尼亚大学分校的助理教授。两个人在关于精神病的研究上一拍即合，鲁滨逊父母去世后，他将鲍林夫妇当作父母供养。

当鲍林要去别的大学时，鲁滨逊不顾导师们的惊讶依然同行，因为需要可以随时将两个人的研究进行下去，当他们的小型临时实验室再也装不下更多的设备时，他们要求校方提供更大的场所。

校方不太愿意为他们提供场所，鲍林在他们眼里并不安分，尽管联邦没有足够的证据证明他曾经是一个共产党，但是他在一些政治上的言论和作为，也让他变得不再是个单纯的科学家。但是到了1966年，鲍林在维生素C事件上，让校方觉得很尴尬。

最后在一个退休老板的资助下，并没有通过校方，他们在门罗公园建立起来了属于自己的研究所。几个月的时间，鲍林和鲁滨逊相继辞去了学校的工作，开始为了将研究所继续下去寻找资助，最后一共有三十多人愿意帮助他们。

虽然他们得到的资助并不少，但是多半用于科研上，最后不得不自己掏钱支付其他费用，他们两个人的研究内容并不同，但是鲁滨逊得到资助并不难，鲍林却不一样。

1973年3月，鲍林带着科梅隆的研究成果到国家癌症研究所，希望可以在全国范围内进行试验，但是他们却要求先在动物身上进行试验，鲍林在六年间再三申请10万美元的资助金，可惜都没有成功。

　　夏天的时候，鲍林再次受到打击，分子矫正精神病学概念遭到了美国权威的批驳，认为他们的研究缺少实践性，几乎没有可研究的价值。鲍林强烈谴责他们的偏见，等第二年鲍林的文章见报之后，人们更是坚定地认为鲍林有关学说就是胡说八道。

　　为了让人们更关注维生素C，他和科梅隆进行了其他的研究，证明了维生素C在关于治疗癌症上确实起到了作用，但是鲍林已经完全被医学界给孤立了，没有一个人愿意去听他的说明，那些医生认为，鲍林已经彻底沦为一个江湖骗子，并为此感到可惜。

　　1974年，鲍林和他的研究所都处在了最低点，也许是受维生素C事件的影响，鲍林原本的一场报告会被取消，最后还是学校自己掏钱请他去演讲。而美国政府也把他推荐的维生素C日摄入量降低了百分之四十。

　　而科梅隆在此方面的论文也一再遭到退稿，认为他的试验存在不确定因素，一些相关的用剂会影响到统计的结果。最后在鲍林的协助和修改下，标有他名字的论文发表在了《化学与生物学的互相影响》杂志上。

　　这显然是一件好事，也间接帮到了鲍林的研究所。因为在维生素C和癌症的问题研究上，他们根本没有什么实质性的进展，在资金严重短缺的情况下，鲍林觉得要采取一些行动。

　　7月，在研究所的会议上，鲍林提到如果医学科学机构不再资助他们，就要依靠公众的力量，他们决定依靠鲍林的名字去社会上呼吁捐钱，希望可以让研究所继续下去并能扩大。

鲍林对研究所的感情很复杂，他一方面要让自己的研究走上正轨，另一方面他又对研究所的日常工作感到厌倦。除了到处演讲有关于维生素C的一切，他更愿意和爱娃在一起。

3. 爱娃患病

爱娃比过去更让他心疼。一而再再而三的手术让爱娃变得脆弱，鲍林尽量抽时间陪着她，并在1973年实现了盼望已久的访问中华人民共和国之旅，这次旅行让人心情愉悦，在回国时还带回了很多农民送给他们的工具。

鲍林喜欢旅行也喜欢和爱娃在一起，鲁滨逊在看到研究所渐渐撑不下去的时候，开始了对鲍林的抱怨，而鲍林却很乐意有人来接管他的工作。1975年夏天，鲁滨逊成了研究所的所长和经理，而鲍林充当了普通理事的角色。

但事实证明鲁滨逊并不适合这个工作。不管他怎么劳累奔波，研究所的钱总是不够用，而工作人员也是一少再少，最后不得不自己捐工资出来维持下去，而鲍林在接受了福特总统颁发的国家科学勋章之后，完全不领工资了。

但这一切并没有带来多大的成效，鲁滨逊依然无法让研究所继续发展下去，他并不适合飞来飞去的生活，他更希望自己待在实验室里。第二年的3月，有管理能力的理查德·希克斯以抽取所筹资百分之十五的条件，出任了研究所常务副所长，对于这个结果，鲁滨逊感到很高兴，终于不必承担太重的责任。

研究所在艰难地支撑，鲍林依然在他维生素C的世界里挣扎，越来越多的杂志指责鲍林是个不负责任的科学家，并指出他观点的种种错误，尽管最后在名义上鲍林取得了胜利，但他希望能通过更有效的实验来证明自己的观点。

同年，考察团来到研究所听取了工作人员的意见，与此同时科梅隆也给鲍林带来了好消息，在经过重新整理之后，鲍林向国家两大权威机构投稿，希望能够取得进一步的肯定。

两家刊物很快给出了答复，但是依然有很多质疑和保留，那个夏天，鲍林一直在和两家刊物交涉，说明科梅隆研究的正确性和其意义。而科梅隆本人也受到了当地杂志的访问，其间他肯定了自己的研究也很婉转地表达了还有一些不足，但是依然受到了一些德高望重的专家的批评。

虽然鲍林一直采取手段与那些批评意见相抗衡，但是爱娃的健康却在这时候受到了严重的威胁，因为疾病她还错过了鲍林75岁在加州理工学院举办的庆祝会。

没过几个月，爱娃的肿瘤和大半个胃被切除了，最后他们不听医生的劝告，采用了科梅隆的方法延长生命。鲍林不知道失去爱娃自己会怎么办，他们用更多的时间在一起。然而两个人争论的时候，依然互不相让。但从1970年电影公司为鲍林拍摄的短片中又不难看出，他们夫妇两个人亲密无间的关系。

鲍林知道爱娃得了癌症，手术后身体状况并不是很好，再加上饮食上改变了很多，她看上去很瘦弱，让鲍林很心疼。为了使爱娃的身体得到好转，他们住到了大苏尔牧场，为了可以经常看到子孙还建了迎宾小屋。更多的时候只有他们两个人尽情地倾听大海的声音。

4. 师徒决裂

原本维生素C治疗癌症只是科学问题，但是爱娃得了癌症，同时也变成了一件私事。科梅隆的最新研究成果再次支持了鲍林的观点，他也开始更用心去做研究。在一次皇家学会上，他很肯定地表明正确使用维生素是可以延长生命的。

但由于鲍林对其观点的证明资料实在太少，医学界更加重了对他的蔑视。但鲍林并不在乎这些，他依然和鲁滨逊就有关问题申请资助，他所申请的数额是之前从没有过的，只为了他和鲁滨逊各自研究的项目可以继续下去。

鲍林想，如果提供资金的机构认为自己的研究所太小，那么他可以先申请资金进行扩大，但是他的申请一再遭到有关方面的否认和拒绝，他却从来没想过要放弃。

1977年，鲍林的两项申请都被拒绝了。他们认为研究所的研究不切实际，而且一个管理和资金都难以支持下去的研究所，却要申请800万美元的资助，简直是异想天开。这件事一出立刻成了新闻，有关方面给出的解释是他们没有按规章办事，更婉转地表示他们并不懂得尊重人。

鲍林听到此言论之后，向议会寄信说明了被拒绝的理由，并想要控告国家癌症研究所的不公正行为，但是在律师的劝说之下，这件事才算结束了。

但是鲍林的行为还是让国家癌症研究所所长文松·德维塔受到了一些影响。起初他和别人一样对鲍林的观点根本没有重视过，但是在鲍林一再写信要求下，他觉得如果认真地进行一次临床对照性试验，也许可以把问题一次性解决。在劝说对维生素C进行系统的试验中，公众也起到了一定的作用。

3月，德维塔写信给鲍林，国家拨了几亿美元来支持这次试验，试验者是一位无可指责的权威人士，在经过双方商讨之后，试验在稍晚时候在一定数量的晚期癌症病人身上开始，鲍林也给出了很中肯的意见。

这段时间，鲍林夫妇有时在牧场享受生活，有时外出旅游，参加各处举办的活动。鲍林到达英国之后费尽心思地邀请科梅隆加入自己的研究工作，但是他却一口回绝了。

鲍林回到研究所之后看到了杂乱的景象，研究所内乱七八糟的，工作人员各种不满的抱怨声，一切不遂人愿，但是筹资问题却有了进展。

非官方捐款越来越多，让研究所的财政逐步复苏，到了1978年私人捐款差不多就超过了150万美元。但这一改观反而让研究所面临关门的境地，原因是鲁滨逊和希克斯一直关系都不好，在是否搬离原址重新建造研究所的问题上两个人闹翻了。

鲁滨逊曾经和希克斯的关系很亲密，但由于太多的因素，他们开始渐渐变得生疏。鲁滨逊想要成为万人瞩目的大学校长，而希克斯却不想背井离乡去俄勒冈，其他的同学也都赞同他的想法。

当他们找到鲍林将情况告诉他的时候，鲍林很生气，但他希望大家可以心平气和地解决，而他自己却带着爱娃一直在外面旅游。

鲍林其实对于鲁滨逊的做法是不满的，原本两个人的试验是按部就班的，但是后来他私自扩大了试验范围，开始喂几组老鼠吃水果和蔬菜。从鲁滨逊整理出的数据来看，他在某一个方面也确定了鲍林在对于维生素C的食用量上出现了错误。

反而在喂水果和蔬菜的老鼠身上，鲁滨逊看到了研究的希望。他想要和提供他方法的汉姆斯伯格夫妇一起推广这个治疗方法，并在一些饮食疗法上打上鲍林和医学研究院批准的字样。

　　鲍林在得知这个消失之后，把鲁滨逊叫进办公室严令他马上停止这种行为，他也感觉到了鲁滨逊和以前不同了，鲍林要求他和希克斯在做任何决定的时候必须要先通过他，可没过几个小时，鲁滨逊把希克斯辞退了。

　　1978年，时任研究所理事长的鲍林要求鲁滨逊辞职，并告诫其他工作人员不要再听从他的命令，并告知希克斯是研究所的首席行政官。到了第二天，鲁滨逊就发布了公告说，没人有权力解除他的职务。

　　各种不和被外人传得沸沸扬扬，最终鲁滨逊选择和鲍林研究所对簿公堂。大家多是对鲁滨逊的管理进行指责，而鲁滨逊的根本目的就是六亲不认，搬倒自己曾经的偶像，为自己铺展后路，但对鲍林来说，就算是自己最得意的学生都比不上自己的声誉和研究。

　　鲁滨逊最终被赶出了研究所，但是他一直要求研究所支付自己的赔偿，鲁滨逊把所有的身心都投在了这上面，他要让那些人付出代价。他不断地出现在研究所的工作场所，把计算机用于其他赚钱项目上，这一做法让研究所很难堪，捐助来的几十万美元就这么当作了律师费。

5. 爱娃去世

　　年末，科梅隆的加入让研究所的人重新看到了希望。在经过无数次的验证和修改之后，他们的试验成果比之前更有说服力，但是在《国家科学院学报》上发表之后，依然遭到了质疑和批评。

在论文发表之后他们开始将自己的思想撰写成书，这件事缓解了鲍林在法律诉讼方面的烦恼。而他自己也一再地受到了外界的肯定。在之后进行的关于维生素C的演讲中，鲍林先是肯定自己的观点，接着抨击美国政府对待这个问题的错误做法，然后拿出相关的试验来论证，最后提出大众服用时的注意事项。

尽管在科学上还存在很多的争议，但是公众还是听从了鲍林的意见，在服用了维生素C之后在免疫力方面得到了提高，而维生素C销量不断地提升，也让鲍林研究所每年都间接得到10万美元的捐款。

1979年3月，鲍林和科梅隆在杂志上详尽地阐述了维生素C和癌症之间的关系，并表示在经过更为详细的研究和数据论证之后，他们肯定了自己的学说，并发现抗坏血酸可能对其他方面也有保护作用，他们最后的结论是要求有关方面尽快进行更加全面的研究。

可是半年之后，鲍林收到了第一批研究结果的论文样稿，结果让他有些沮丧，论文表明这次试验并没有发现他所说的疗效，鲍林在莫特尔给出的数据上发现了很多漏洞，因为接受科梅隆的试验的患者出现了他们所期待的效果。

鲍林把研究结果送给莫特尔，希望他对自己的研究结果进行改正并在杂志上发表，但是一切都来不及了。有些人根据莫特尔的数据大肆发表鲍林是骗子的言论，一时间全国的许多报刊都带着这种思想。

鲍林对这一说法很愤怒，他同时接受了三家杂志的采访，说明了莫特尔的试验和科梅隆的区别。但是莫特尔就鲍林的话给出的答案却是，他们的做法根本就是没有良心的表现。

从此鲍林和莫特尔两个人的关系变得白热化，他们开始互相指责对方的研究是不负责任的行为。鲍林毕竟是门外汉，即使有了最新的资料，也不能在相关的杂志上及时发表，因此他觉得自己的申请会被拒，不是因为事实不充分，而是因为他们想要将这件事彻底了结。

除了鲍林，其他人都觉得这件事随着莫特尔的研究已经结束了。鲍林和科梅隆的书在之后几个星期就正式出版了，虽然依旧得到了一些报刊的否定，但这本书因为自己掏钱购买了一大批送给相关的政府人员，而变得很畅销。

因为鲍林做出的努力，德维塔决定进行第二次试验，这一次更为严格，但是同样由莫特尔来做。因为之前莫特尔的结果加上鲁滨逊的上诉，让研究所的财力渐渐不支，房东开始下逐客令。

爱娃在做完手术之后，经过了五年的调理，她的身体已经有了明显的好转，常常和鲍林一起出去旅行，自己也获得了不少头衔。但是在抗坏血酸的争论越来越激烈之后，她的身体却逐渐出现问题。1981年夏天，因为她的腹痛加剧，鲍林取消了再次出访中国的计划，医生建议爱娃进行一次探索性的外科手术。

但是由于爱娃的癌细胞一直不断地扩散，做手术已经无济于事，医生建议他们尽快做典型方法化疗，但是所有人都提出了反对意见，爱娃只接受了除止痛药之外用维生素C来控制病情。

出院之后，爱娃避开人们的同情和关心搬到牧场居住，顺便可以照顾鲍林，但是她不能再陪鲍林一起外出，她的儿孙们总会抽时间来看望她。有一次趁着鲍林不在，她向自己的女儿交代了身后事，在儿孙面前她表现得一直都很坚强。

爱娃去世前最后一次在公共场合出现，是为了接受一个称号，她希望全家人都在场。但是在九天后，爱娃因为开始不断大出血，最后的感恩节是在帕多拉谷和全家人度过的。

鲍林希望爱娃可以一直挺下去，希望能像科梅隆治愈的病人一样，他开始把能想到的有助于治愈的东西都加在饮食上，他希望可以留住爱娃的生命。但爱娃最后还是挺不住了，她要求停止所有的治疗。

12月7日，爱娃在帕多拉谷家中永远地离开了人世。

6. 执着的代价

爱娃的去世给了鲍林沉重的打击，很长一段时间鲍林都选择一个人独处，每天什么都不做，只是抱着爱娃生前的东西发呆。直到某一天他在料理花园时，似乎明白了什么，才真正结束了低落的生活。

鲍林才刚刚恢复，莫特尔就发表了第二次试验结果，同样是没有任何疗效，鲍林在得知这一消息之后，彻底被激怒了。虽然表面看上去莫特尔的试验并没有差错，但是鲍林却觉得他犯了一个很大的错误，就此鲍林提出了抗议。

1985年1月17日，在《新英格兰医学杂志》上发表的莫特尔实验结果中还附有国家癌症研究所一名官员撰写的社论，他认为这次的试验并没有任何误差，更暗示鲍林和科梅隆长期进行试验都具有某种程度上的偏差，是没有可信度的，事情应该到此为止。

莫特尔的报告不仅让鲍林十分恼怒，也预示着他再也得不到大笔的资助，同时人们开始对他在挽救爱娃生命时所做的决定产生了疑问。

虽然这个时候鲍林已经86岁了，但是他还坚持和莫特尔的第二次试验结果展开艰苦的斗争，他不仅指责研究小组进行的试验根本就是在骗人，他还同时给涉及的每一个人员写信要他们为自己所说的话道歉。鲍林开始进行强烈的反击。

可是他做的一切并没有让莫特尔的言论有所改变，相反他过激的行为不仅没有让其他人得到重视，反而曾经很尊重他的几位人士，最后都中断了和他的联系。

夏天刚到来，鲍林的斗争就以失败告终。医学界主流始终没有更改过对于鲍林观点的否定，而一些受邀募捐的人在收到他们的信函后，也很婉转地拒绝了他们的要求。

最后连科梅隆都私下劝说鲍林不要过度偏激，另一方面他也在担心被鲍林牵扯进去。他想要在《新英格兰医学杂志》上发表自己的研究成果，但是因为和鲍林的观点很接近，经过了长达一年的修改，最终他的论文还是被拒绝登出。

可是这件事远没有结束，因为梅奥中心的试验结果并没有真的否定科梅隆的研究，他们指出莫特尔在工作中和科梅隆的差别，并表示如果将他们的研究结果当作是衡量的唯一标准，是失准的。理查兹还认为，用临床实验来解决科学上的争议，在一定程度上存在误差。

有一次出差途中，鲍林和身边的人攀谈，那个人说了自己对于服用维生素C的见解，这让鲍林很难堪，他没有想到原来人们对于维生素C还依然存在偏见，他觉得有必要对公众进行重新教育。

鲍林决定给普通读者写一本有关健康的书。用时一年，他的书正式出版，封面上他一张神采奕奕的近照，成了最好的广告。书中鲍林不仅详细地阐述了维生素C的知识，还特别提到这几年在医学界受到的不公平对待。不过他很乐观，因为已经有不少的医学院要开设讲座介绍他关于这方面的思想。

在健康方面的要求和医生所要求的没有什么不同，但标新立异的是他提倡大家服用巨量的维生素C。虽然这本书和以前一样招来了不少的批评，但依然是最畅销的书。这一结果不仅鼓舞了研究所工作人员的士气，也给这里带来了一些资金。

早在前一年，即在他85岁到来时，鲍林接受了加州理工学院为他举办的庆生会，在会上很多发言者称赞了他的成就，也让他和理工学院的关系有了缓和，这也许是多年来，鲍林第一次感受到自己在学术活动的故乡来自人们内心的欢迎和尊重。

7. 科学怪人去世

1989年，新上任的癌症研究所所长萨缪尔·布罗德在和鲍林进行过一次简短的谈话之后，布罗德已经对维生素C改变了看法。

虽然鲍林极力主张自己的论点，并对科梅隆的数据做了新的统计学分析，当然他不会忘记攻击那个曾让他颜面尽失的莫特尔，但新所长布罗德对他两个小时所谈的内容一点儿兴趣都没有，但在最后却同意把科梅隆保存的病历寄给他。

几个月之后，国家癌症研究所决定在1990年下半年举办一次国际性的研讨会，而发言人就是鲍林。这个结果鲍林并没有感到很意外，虽然得到了很多否定意见，但是他从来没有放弃过，在此期间，他还曾经在其他课题上投入精力。

鲍林的观点虽然并没有得到大多数人的认可，但还是有很多科学家开始逐步认识到他对于维生素C的观点可能是正确的，这一变化让鲍林看到了希望。

虽然这一切都是好消息，但是鲍林的研究所因为欠下几十万美元的债务，如果在短时期内得不到有效的解决，就只能关门大吉了。这个时候鲍林已经是90岁的老人了，在财政方面他并不想多谈。

　　此前鲍林还曾发现了维生素C可以预防心脏病，可是为了研究维生素C与癌症的关系，不得不把这一发现搁置。一直到1989年，因为相同的兴趣，鲍林认识了德国青年医生马修阿斯·拉思，在他取得硕士学位定居美国之后，他告诉鲍林自己找到了一种重要的理论。

　　只要是有关对维生素C有利的，鲍林都是很热情的，鲍林开始和拉思合作，并在《国家科学院学报》上发表了论文。不久之后，鲍林开始像十年前一样大肆谈论有关维生素C和心脏病之间的关系。

　　拉思用老鼠做实验对象的研究结果让鲍林很兴奋。在1991年9月召开的有关心肺和学业研究所的会议上，有关人士再次确定了它们之间存在的联系。

　　12月，鲍林的健康出了问题，在经过一系列检查之后，医生确诊鲍林同时患上了前列腺癌和直肠癌。

　　此后到1992年冬天，鲍林做了两次直肠癌手术，在治疗期间，鲍林放下一切工作，开始好好地休养。拉思常常在身边鼓励和支持他，同时又写了好几篇论文，在征得鲍林的同意后，加上他的名字后进行了发表。

　　拉思的表现开始让研究所里的人感到不安，尤其是鲍林的儿子小莱纳斯。他是研究所里的理事会成员，他亲眼见证了研究所从成立到分解，现在又似乎有人为了争夺权力而耍起了心思。

　　拉思总是很张扬地开着轿车带鲍林去到处演讲，并灌输给他自己的心脏病研究的重要程度。7月22日，鲍林终于在和拉思亲密的关系下，签了拉思会接受有关他一切研究的文件。

　　但在7月23日的理事会议上，小莱纳斯正式接替了鲍林理事长的职务，开始对研究所各方面进行管理，这也迫使拉思在不久之后就辞职离开了。

鲍林已经不再关心这些事情，他每天都在为了恢复健康拿自己做试验。他喜欢在牧场里做自己喜欢的事：注视大海，有时候疼痛时，他就服用各种止痛药。鲍林希望自己的死可以有痛苦，但不能没有尊严。

他开始用更多时间留在牧场，他完成了原子核理论的最后一个版本，偶尔他的那些老朋友也会来看望他，他们在心里都当这是最后的告别。

在最后的时间里，孩子们一直都陪在他身边，鲍林总是尽可能出席相关的活动，他希望在临死之前可以做更多的事，包括给拉思的律师写证词。

1994年夏天，鲍林参加了美国科学发展联合会在旧金山举行的一次会议，鲍林的儿子特意把研讨会安排在下午。当他忍着剧烈的疼痛一步一步走进会场时，会场爆发出一阵强过一阵的掌声，他向大家最后一次展现了他标志式的微笑。

8月19日，鲍林在大苏尔牧场的庄园逝世。

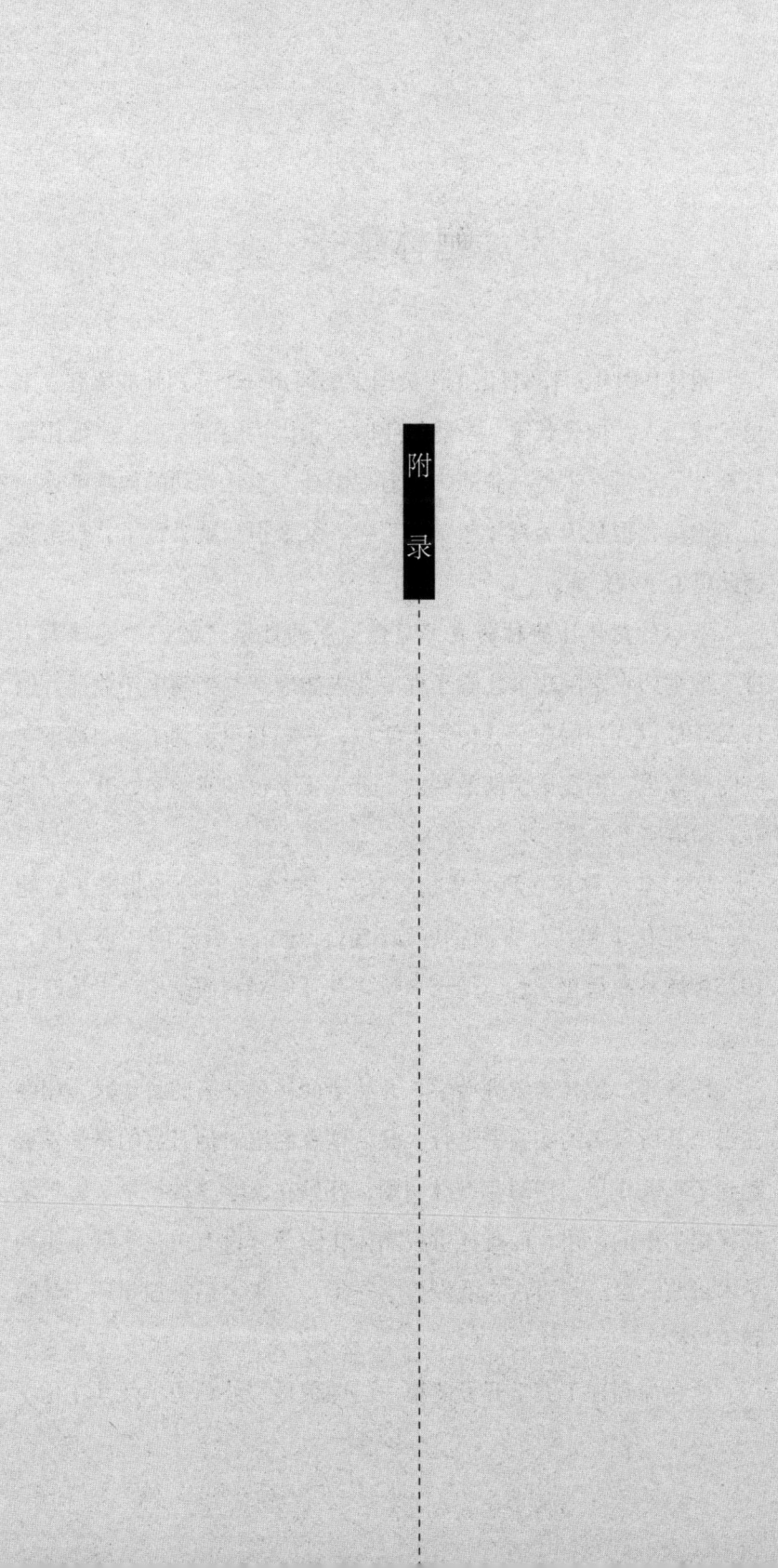

附录

鲍林生平

鲍林1901年2月28日出生于美国俄勒冈州一个药剂师的家庭，家里兄妹三人，他是长子，虽然幼年时父亲因为经商有道，生活比较富裕，父亲常常带鲍林到药剂室看他配药，也让年幼的他渐渐迷恋上了化学，但是因为常年超负荷工作，父亲很早就去世了，母亲也因此患上了忧郁症。

不幸的童年让鲍林养成了坚强独立的性格，1917年鲍林为了进入俄勒冈农学院攻读化学工程专业没能顺利拿到高中毕业证，但1922年他以优异的成绩获得学士学位，并顺利申请到了加州理工学院的研究生，更在诺伊斯的帮助下进入了学校的实验室，开始了他在科学道路上的第一步。

1923年，鲍林在科学界初露光芒，在各位名师的指导下，鲍林开始在化学和其他方面扩展知识面，建立了合理的知识结构。1925年鲍林获得化学哲学博士学位，并开始对物质结构产生浓厚的兴趣。

1926年，鲍林去欧洲游学，开始全面接触著名的科学家，相继在当地几所著名的实验室进行实验，这些经历对他日后的科学发展起到了重大作用。1927年鲍林回国，开始在大学里教授量子力学及其在化学中的应用，而且还讲授晶体化学及开设有关化学键本质的学术讲座。第三年再次去欧洲游学一年，回来之后被加州理工学院聘为教授。

他在加州理工大学开设的第一门课程是"波动力学及其在化学

上的应用"，后来他将这门课的讲义整理成文，并且在1935年出版了《量子力学导论——及其在化学中的应用》，这是历史上第一本以化学家为读者的量子力学教科书。

鲍林在对化学键理论进行研究时，遇到了前所未有的困难，但是他并没有就此放弃，反而在无数次的反复实验过程中，不仅提出了键价理论而且将"共振论"进行了推广，但在20世纪60年代末，鲍林较为先进的科学理论还是遭到了众多的质疑。

在化学的研究过程中，鲍林提出了许多新理论概念，很多现在依然被沿用。不仅如此，鲍林在生物学上也取得了重大成就。鲍林无意中发现多肽链分子内可能形成两种螺旋体，一种是a-螺旋体，一种是g-螺旋体，为他1954年获得诺贝尔奖奠定了坚实的基础。

在获得诺贝尔奖之后，鲍林开始把精力投向分子医学研究，镰状红细胞贫血症是分子病的结论就是他提出来的。1965年他还提出了原子核的设想。

鲍林坚决反对将科学研究运用到战争中去，毅然决然地走上了政治演讲的道路。也正是此举让他备受关注和嘲弄，即使在美国政府的重重阻挠下，他都没有想过要放弃。

1962年鲍林获得诺贝尔和平奖之后，开始将研究重心放在了对维生素C作用的全面提倡上，这一举动再次将他推到了风口浪尖，但是经过10年的坚持不懈，最终他的理论得到了世人的认可。

1994年，鲍林在自己的农场辞世。

获奖辞

我得到了诺贝尔化学奖，只是因为我做了自己喜欢做的事，而且做得比较有成效……况且那时我心情很舒畅。那时我正在做的事，就是在这个世界上我可以做而且也喜欢做的事。因为做自己喜欢做的事而获得诺贝尔奖，那当然不错。不过，我已经说过，我总是要做一些事情的。

我曾经做过五百次讲演，谈论放射性尘埃，谈论核战争，谈论在大气层停止核试验的必要性，谈论最终消灭战争的必要性。您知道，我并不喜欢做这类讲演……我在做的事是我不感兴趣的事，只是出于道德和信念的驱使，我才这样做。在某种意义上我是逼出来的……因此，我感到我们做出的牺牲还是值得的。

我不想以一位先辈的身份向你们做出训示，只是给你们一些建议，你们应该要懂得尊重长辈，但是不一定要相信除自己以外的任何人，因为即使是圣人也会犯错，要永远保持怀疑的态度去独立思考。

获奖时代背景

1954年获诺贝尔化学奖

在传统的化学理念已经无法满足众多科学家的研究时,鲍林为了解释甲烷的正四面体结构,说明碳原子四个键的等价性,提出了杂化轨道的理论。而且他在研究化学结构时提出的共振论曾经在科学界轰动一时,成为当时最受欢迎的化学教育理念之一。

后来鲍林还将化学研究带进了生物学,也成为分子生物学奠基者之一,他不仅在蛋白质的分子上花费了大量的时间,而且当他开始研究氨基酸和多肽链时,发现多肽链分子内可能形成两种螺旋体,一种是a-螺旋体,一种是g-螺旋体。经过研究他进而指出,一个螺旋是依靠氢键连接而保持其形状的,也就是长的肽键螺旋缠绕,是因为在氨基酸长链中,某些氢原子形成氢键的结果。作为蛋白质二级结构的一种重要形式,a-螺旋体,已在晶体衍射图上得到证实,这一发现为蛋白质空间构象打下了理论基础。这些研究成果,是鲍林1954年荣获诺贝尔化学奖的项目。

1962年获诺贝尔和平奖

鲍林很反对将科学运用到战争中去,尤其是进行核战争,他号召所有的科学家都加入到保卫和平的运动中来,他为了争取和平,和众多的知名科学家签署请愿书,到各地进行演讲。正是因为他在政治上的努力，遭到美国保守势力的打击，曾对他进行过严格的审查，限制他出国讲学，干涉他的人身自由。

鲍林不仅创作了有关和平方面的书籍，而且和罗素等人在美国创办了《一人少数》月刊，反对战争，宣传和平。甚至还参加了在日本广岛举行的禁止原子弹氢弹大会。由于鲍林对和平事业的贡献，他在1962年荣获了诺贝尔和平奖。

鲍林年表

1901年2月28日，生于俄勒冈州。

1917年，进入俄勒冈农学院。

1920年，对价键的电子理论产生兴趣。

1922年，获得化学工程学士学位。

1925年，在加州理工学院获得博士学位。

1926年，以博士身份跟随索末菲工作一年。

1927年—1963年，在加州理工学院任职。

1935年，出版《量子力学导论——及其在化学中的应用》。

1930年—1951年，发现混成轨域理论、电负性、共振理论、生物大分子结构和功能。

1954年，获得诺贝尔化学奖。

1962年，获得诺贝尔和平奖。

1963年—1967年，任职于加州圣巴巴拉民主学院研究中心。

1965年，发现维生素C有预防癌症的疗效。

1967年—1969年，任职于加州大学圣地亚哥分校化学系。

1969年—1973年，任职于斯坦福大学。

1973年之后，任职于以他名字命名的鲍林科学和医学研究所。

1994年8月19日，在大苏尔牧场的庄园逝世。

获奖当年世界大事记

1954年世界历史大事记

1月21日,世界上第一艘核动力潜艇"鹦鹉螺"号下水。

1月28日,北京—莫斯科直达客车首次通车。

2月25日,纳赛尔成为埃及总理。

3月1日,第一枚真正的氢弹试验成功。

3月31日,新型"莱卡"35毫米照相机投入使用。

4月26日,日内瓦会议召开。

4月29日,中印两国确定和平共处五项原则。

5月7日,越南人民取得奠边府战役胜利。

5月17日,美国最高法院宣布废除黑白分校制。

6月17日,麦卡锡反共逆流破产。

6月28日,中国与印度两国总理发表联合声明,提出了"互相尊重领土主权;互不侵犯;互不干涉内政;平等互利;和平共处"五项原则。

7月20日,在日内瓦签订印度支那停战协定。

9月28日,中国中共中央军事委员会成立。

10月2日,联邦德国加入北大西洋公约组织。

11月14日,太平舰事件。

1962年世界历史大事记

1月1日，西萨摩亚独立。

1月9日，古巴和苏联签署贸易协议。

2月7日，美国禁止对古巴的贸易。

2月20日，美国的首次载人宇航飞行。

3月1日，乌干达自主。

3月18日，法国和阿尔及利亚在法国的埃维昂签订停火协议。

3月21日，北欧理事会成立。

7月5日，阿尔及利亚独立。

7月10日，世界上第一颗通信卫星进入轨道。

8月31日，特立尼达和多巴哥独立。

10月9日，乌干达独立。

10月11日，第二届梵蒂冈理事会召开。

10月22日，古巴导弹危机。

11月5日，沙特阿拉伯与埃及断交。